Albrecht Horn

Vereinte Nationen – Akteure und Entscheidungsprozesse

Politikwissenschaft, Band 2

Albrecht Horn

Vereinte Nationen – Akteure und Entscheidungsprozesse

Frank & Timme
Verlag für wissenschaftliche Literatur

ISBN 978-3-86596-101-3
ISBN 3-86596-101-0
ISSN 1862-6130

Herstellung durch das atelier eilenberger, Leipzig.
Printed in Germany.
Gedruckt auf säurefreiem, alterungsbeständigem Papier.

www.frank-timme.de

Inhaltsverzeichnis

Vorwort

Die Vereinten Nationen sind als zwischenstaatliche Organisation ein komplexes politisches System. Dieses System besteht einerseits aus zwischenstaatlichen Haupt- und Nebenorganen und andererseits aus Sekretariatsorganen. In beiden Organarten wirken verschiedene Akteure und verlaufen multilaterale politische Prozesse. Den Kern bilden die Entscheidungsprozesse in den zwischenstaatlichen Organen. Diese dienen der horizontalen zwischenstaatlichen Politikkoordination bezüglich unterschiedlicher Problemfelder wie internationale Sicherheit, internationale Wirtschaft, Umwelt und Menschenrechte. An diesen komplexen Prozessen der Entscheidungsbildung bzw. -umsetzung sind unterschiedliche Akteure mit entsprechenden Interessen beteiligt. Die multilateralen Verhandlungs- und Entscheidungsprozesse basieren auf entsprechenden Entscheidungsverfahren und -regeln.

Die Schrift soll dazu beitragen, die Akteure und Prozesse systematisch darzustellen, um das Verständnis über Ablauf, Ergebnisse und Wirkungen multilateraler Entscheidungsprozesse im System der Vereinten Nationen zu befördern. Dies ergänzt Darstellungen der inhaltlichen Elemente von Entscheidungen im System der Vereinten Nationen und der Struktur des Systems.

Leipzig, Januar 2007 — Albrecht Horn

1. Die Vereinten Nationen als zwischenstaatliche Organisation

1.1 Die Vereinten Nationen als zwischenstaatliches Governance-System

Das System der Vereinten Nationen kann unter verschiedenen Gesichtspunkten betrachtet werden:

A. Die *Polity Dimension* erfasst die Haupt-, Neben- und Sonderorgane des Systems, d. h. die vertikale und horizontale Struktur des Systems, die Akteure im System sowie Fragen des Managements, der Koordination und Finanzierung des Systems.

B. Die *Politics Dimension* betrifft die multilateralen Diskussions-, Willensbildungs- und Entscheidungsprozesse mit dem Kern der zwischenstaatlichen Verhandlungsprozesse sowie das Verhalten der Akteure in diesen multilateralen politischen Prozessen.

C. Die *Policy Dimension* umfasst die konkreten multilateralen Politiken in Politikfeldern wie internationale Sicherheit, internationale Wirtschaft und internationaler Menschenrechtsschutz.

Diese Dimensionen erfassen spezielle Aspekte des multilateralen VN-Systems. Der Schwerpunkt dieser Schrift liegt auf der „Politics Dimension", d. h. der Darstellung der multilateralen politischen Prozesse, speziell der spezifischen multilateralen Verhandlungs- und Entscheidungsprozesse, sowie von deren Ergebnissen und Wirkungen.

Die Vereinten Nationen als eine universelle zwischenstaatliche Organisation sind in verschiedenen Politikfeldern tätig. Die primäre Funktion besteht in der Politikkoordination zwischen souveränen Nationalstaaten. Dabei ist das System der Vereinten Nationen Instrument zur Durchsetzung nationaler Interessen, Forum für multilaterale Verhandlungen sowie in begrenztem Umfang eigenständiger Akteur. Die Politikkoordination erfolgt auf den Gebieten Sicherheit, Wirtschaft, Umwelt und Menschenrechte. Daraus ergeben sich entsprechende Funktionen/Aufgaben. Diese sind unterschiedlichen VN-Organen zugeordnet. Diese sind die Foren für konkrete multilaterale Entscheidungsprozesse. Das Ergebnis der Entscheidungsprozesse sind primär Normen und Regeln als Grundlage für regelgeleitetes Staatsverhalten sowie die Festlegung der Parameter für eigenständige Programme der VN-Sekretariatsorgane.

Die multilateralen Entscheidungen der zwischenstaatlichen VN-Organe haben unterschiedliche Grade rechtlicher Verbindlichkeit (siehe Kap. 4/5).

Die *Charta der Vereinten Nationen (SVN)* regelt die Aufgaben und die Struktur des VN-Systems. Die SVN enthält die grundsätzlichen völkerrechtlichen Normen, welche das Verhalten der Staaten im internationalen System regeln sollen. Dies betrifft Grundnormen wie Gewaltverbot, Interventionsverbot, Pflicht zur friedlichen Streitbeilegung und souveräne Gleichheit der Staaten. Die VN-Prozesse beinhalten die konkrete Anwendung dieser Normen auf spezielle Konfliktsituationen bzw. die Gestaltung der Staatenkooperation. Die Vereinten Nationen verfolgen das Konzept des „negativen Friedens“, d. h. die Begrenzung der Anwendung physischer Gewalt (Umsetzung des Gewaltverbots). Dies schließt die Konfliktprävention, die friedenserhaltenden und friedenskonsolidierenden Operationen sowie die Verhängung politisch-ökonomischer und militärischer Zwangsmaßnahmen ein. Das Konzept des „positiven Friedens“ erfasst den Ausbau der zwischenstaatlichen Kooperation, um die sozioökonomischen Konfliktursachen zu vermindern. Die multilateralen VN-Entscheidungen basieren auf den Normen der SVN. Zugleich werden diese Normen weiterentwickelt (multilaterale Verträge/Konventionen).

Die Vereinten Nationen realisieren in den Entscheidungsprozessen das Prinzip der souveränen Staatengleichheit. Zugleich wird den Realitäten der Machtverteilung im internationalen System Rechnung getragen (Vetorecht der Ständigen Mitglieder im Sicherheitsrat, Stimmengewichtung nach Kapitalanteilen in internationalen Finanzorganisationen). Die Durchsetzung der Aufgaben der Vereinten Nationen ist zum Teil auf die Gestaltung und Realisierung internationaler Regime (Prinzipien, Normen, Regeln, Entscheidungsverfahren) gerichtet.

1.2 Strukturen und Prozesse in den Vereinten Nationen

Die Vereinten Nationen haben 192 Mitgliedstaaten. Die zwischenstaatliche Kooperation/Koordination erfolgt in den zwischenstaatlichen Hauptorganen (Generalversammlung, Sicherheitsrat, Wirtschafts- und Sozialrat). Diese Hauptorgane bilden untergeordnete Nebenorgane. Ein Hauptorgan ist auch das Subsystem der VN-Sekretariatsorgane. Dessen Aufgabe ist die Unterstützung der zwischenstaatlichen Prozesse durch Analysen, Berichte, Bereitstellung der Logistik etc. bzw. die relativ eigenständige Realisierung von speziellen Programmen (Friedensoperationen, finanzielle, technische und humanitäre Programme) im Rahmen der von zwischenstaatlichen Entscheidungen festgelegten Parameter (Programme, Budgets, Personal).

Die VN-Sonderorganisationen verfügen über eigene zwischenstaatliche Organe, Programme und Budgets. Die Koordination im VN-System erfolgt über den VN-Wirtschafts- und Sozialrat. Das Management und die Koordination der Sekretariatsorgane erfordert spezielle Entscheidungsmechanismen unter Leitung der VN-Generalsekretärs. Die Generalversammlung als universelles Hauptorgan bestätigt die Entscheidungen von VN-Organen mit begrenzter Mitgliedschaft.

Der Sicherheitsrat wirkt als Exekutivorgan auf dem Gebiet der internationalen Sicherheit und des Konfliktmanagements. Das Vetorecht der ständigen Mitglieder des Sicherheitsrates schützt die Interessen der Kernmächte und bindet sie zugleich ein, um festgelegte Maßnahmen zu realisieren. Dies kompliziert unter Umständen den Entscheidungsprozess (siehe Irak-Intervention 2003), begründet aber keine subsidiäre Kompetenz der Generalversammlung in Sicherheitsfragen. Das Vetorecht ist Konstruktionselement des Entscheidungsmechanismus im Sicherheitsrat.

Die *multilateralen politischen Prozesse* verlaufen primär in den VN-Hauptorganen und zugeordneten Nebenorganen. Sie umfassen spezifische Diskussions-, Verhandlungs- und Entscheidungsprozesse. Ausgangspunkt für multilaterale Entscheidungen bilden die Normen der SVN und ihre konkrete Anwendung und Weiterentwicklung.

Die *Struktur der Vereinten Nationen* bildet *keine Analogie* zur nationalen Gewaltenteilung zwischen Legislative, Exekutive und Judikative. Die Vereinten Nationen sind keine Weltregierung. Die Generalversammlung ist kein parlamentarisches Organ, nutzt aber parlamentarische Verfahren.
Die Realisierung getroffener multilateraler Entscheidungen obliegt den Staaten bzw. in begrenztem Umfang den VN-Sekretariatseinheiten (Exekutivfunktion). Die Formen und Inhalte multilateraler Entscheidungen sind vielfältig, ebenso der Grad rechtlicher Verbindlichkeit. Die Effektivität der VN-Entscheidungen hängt maßgeblich vom politischen Willen und den staatlichen Kapazitäten zur Umsetzung ab (siehe Kap. 5). Multilaterale Entscheidungen basieren auf zwischenstaatlichen Diskussions- und Verhandlungsprozessen. Die Verfahren und Entscheidungsregeln sind für die VN-Hauptorgane festgelegt (siehe Kap. 4).
Die verschiedenartigen *multilateralen politischen Prozesse* in den Vereinten Nationen können eingeteilt werden in:

a) formale und informale Diskussions- und Verhandlungsprozesse in den Hauptorganen der Vereinten Nationen
b) Koordinationsprozesse zwischen VN-Hauptorganen und VN-Sonderorganisationen (auf zwischenstaatlicher Ebene)
c) differenzierte Managementprozesse im Subsystem VN-Sekretariate, den Sekretariaten der Sonderorganisationen bzw. im VN-System (Sekretariatsebene)
d) Koordinationsprozesse zwischen zwischenstaatlichen VN-Organen und VN-Sekretariatseinheiten
e) Entscheidungsprozesse zwischen VN-Hauptorganen und VN-Mitgliedstaaten bei der Realisierung von VN-Entscheidungen
f) Entscheidungsprozesse zwischen VN-Sekretariatsorganen und VN-Mitgliedstaaten bei der Umsetzung von VN-Programmen

Diese *Typen multilateraler politischer Prozesse* beinhalten eine Vielzahl spezifischer Entscheidungen (Formen, Inhalte). Diese Prozesse werden durch spezielle *Verfahrensregeln, Abstimmungsverfahren* und *Entscheidungsregeln* gestaltet, um die kollektive Entscheidungsfindung bzw. kollektive Entscheidungsrealisierung rational zu vollziehen.

Die Gestaltung der multilateralen VN-Entscheidungsprozesse erfordert im Interesse demokratischer Strukturen Anpassungen wie:

a) Die VN-Hauptorgane mit begrenzter Mitgliedschaft (Sicherheitsrat, Wirtschafts- und Sozialrat) müssen bezüglich Größe und Zusammensetzung den Realitäten angepasst werden, um die Legitimität der Entscheidungen zu erhöhen. Dabei muss ein optimales Verhältnis zwischen Repräsentanz und Effektivität gesichert werden (siehe Reformen der Vereinten Nationen).
b) Die Vereinten Nationen als Kern globaler Governance-Prozesse (Netzwerke) erfordern die stärkere Mitwirkung von Vertretern der Zivilgesellschaft (Nichtregierungsorganisationen, Privatwirtschaft) an den multilateralen Prozessen. Die gegenwärtigen Regelungen (Konsultativstatus beim Wirtschafts- und Sozialrat) zu den Mitwirkungsrechten sollten reformiert werden. Dabei ist davon auszugehen, dass die Nichtregierungsorganisationen stärker Einfluss auf die Festlegung nationaler Positionen nehmen müssen. Die selektive Teilnahme an internationalen Verhandlungen erfordert auch, die demokratische Legitimität der Nichtregierungsorganisationen zu stärken.
c) Die eventuelle Schaffung einer parlamentarischen Versammlung bei den Vereinten Nationen ist eine weitere Alternative. Dabei muss davon ausgegangen werden, dass die VN-Generalversammlung aus Regierungsvertretern besteht. Deren Kontrolle erfolgt durch die nationalen Parlamente. Die Generalversammlung kontrolliert ihrerseits die VN-Sekretariatseinheiten. Eine zusätzliche Kontrollinstanz sollte bezüglich des Verhältnisses von Aufwand und Wirkung geprüft werden.
d) Die Entscheidungsprozesse in globalen und multilateralen Organen müssen mit regionalen Kapazitäten abgestimmt werden. Die internationale Sicherheitspolitik erfordert die Entwicklung und Nutzung regionaler Kapazitäten (regionale multilaterale Organisationen). Die Funktion der Legitimierung durch den VN-Sicherheitsrat (Erteilung der Mandate) sollte erhalten bleiben.

1.3 Die Rolle der Vereinten Nationen in der internationalen Politik

Die Rolle der Vereinten Nationen in der internationalen Politik kann unter verschiedenen Blickwinkeln betrachtet werden. Die sogenannte realistische Schule sieht die Vereinten Nationen vor allem als Instrument zur Durchsetzung nationaler Interessen in multilateralen Prozessen auf der internationalen Ebene.

Die reale Machtverteilung im internationalen Staatensystem reflektiere sich in der dominanten Position mächtiger Staaten. Die Vereinten Nationen sind aus dieser Perspektive lediglich ein verfügbares Instrument (marginale Rolle). Die funktionale bzw. institutionalistische Schule betont demgegenüber das Potential multilateraler Staatenkooperation. Dementsprechend bieten die Vereinten Nationen auch mittleren und kleinen Staaten Einflussmöglichkeiten auf die Gestaltung der Beziehungen im internationalen System. Im Sinne eines „nüchternen liberalen Institutionalismus" sind handlungsfähige Vereinte Nationen unabdingbar für den effektiven Ausgleich unterschiedlicher nationaler Interessen. Dieses Herangehen negiert nicht die Rolle mächtiger Staaten und ihres Potentials zur Durchsetzung spezifischer Interessen.

Das wirtschaftliche, aber auch das militärische Potential dieser Staaten ist zur Durchsetzung kollektiver Entscheidungen speziell im Bereich des Konfliktmanagements essentiell. Insofern nutzt eine Gegenüberstellung der Rolle der Vereinten Nationen als Instrument zur Realisierung nationaler Interessen bzw. als Instrument der Bestimmung und Durchsetzung gemeinsamer Interessen der Staaten nichts. Die Vereinten Nationen sind bei beiden Funktionen als normativer und institutioneller Rahmen wichtig, wenn auch unterschiedlich gewichtet.

Die Rolle der Vereinten Nationen als eigenständiger, autonomer Akteur ist begrenzt. Die eigenständige Durchführung spezieller Programme erfolgt im Rahmen der durch zwischenstaatliche Entscheidungen gesetzten Parameter. Die Beschränkung ergibt sich aus der Natur der Vereinten Nationen als zwischenstaatliche internationale Organisation. Dies mindert nicht die Rolle des Systems der

Vereinten Nationen bei der Gestaltung und Realisierung internationaler Regime, dem Setzen von Verhaltensstandards und der Überwachung der Einhaltung dieser multilateralen Standards.
Mit der politischen und wirtschaftlichen Globalisierung verstärkt sich die Interdependenz der Staaten und ihrer nationalen Politiken. Globale, transnationale Probleme bedingen globale und regionale Governance-Strukturen. Die Vereinten Nationen sind ein wesentliches Element dieser Strukturen. Die Begrenzung der Spielräume nationaler Politik, speziell in der Wirtschaft, muss kompensiert werden durch eine politische Gestaltung der Globalisierung durch internationale Regelungen. Dieses „internationale Regieren", d. h. die Steuerung internationaler, die Grenzen nationaler Territorialstaaten überschreitender Prozesse, erfordert neue Formen/Methoden der Steuerung. Dies bedeutet notwendigerweise den Ausbau zwischenstaatlicher Kooperation durch internationale Regime und internationale Organisationen. Neue Strukturen des Regierens in Mehrebenensystemen und Elemente der supranationalen Steuerung entstehen. Transnationale Netzwerke (Regierungen, Zivilgesellschaft) übernehmen Steuerungsfunktionen in verschiedenen Politikfeldern.
In der internationalen Sicherheitspolitik bleibt das in der SVN festgelegte kollektive Sicherheitssystem der normative Bezug, trotz aller Schwierigkeiten der Einigung auf spezielle politisch-ökonomische und militärische Zwangsmaßnahmen im Falle spezifischer Sicherheitsbedrohungen.
Friedenserhaltende und friedenskonsolidierende VN-Operationen ergänzen die Instrumente des Konfliktmanagements. Der VN-Sicherheitsrat muss das Monopol zur Entscheidung über die Anwendung militärischer Gewalt behalten. Dies negiert nicht die zeitweilige Ausübung des Rechts auf individuelle und kollektive Selbstverteidigung der Staaten im Falle bewaffneter Angriffe. Die Vereinten Nationen müssen Strategien zum Kampf gegen neue Dimensionen der Bedrohung entwickeln, um dem erweiterten Sicherheitskonzept Rechnung zu tragen (sozioökonomische Bedrohungen, internationaler Terrorismus, Verbreitung von Massenvernichtungswaffen). Dies erfordert multilaterale konzeptionelle und operative Arbeit. Das Instrumentarium zur Konfliktprävention bzw. die Instrumente zur friedlichen Streitbeilegung (Kap. VI SVN) sind gezielter anzuwen-

den. Spezielle Aufmerksamkeit erfordert die Friedenskonsolidierung in Nachkonfliktsituationen.

Das Konfliktmanagement der Vereinten Nationen muss eine sinnvolle Interpretation solcher Normen wie Souveränität und Interventionsverbot vornehmen und deren Anwendung mit der Durchsetzung menschenrechtlicher Normen verbinden (relative Souveränität, Interventionsmöglichkeiten bei innerstaatlichen Konflikten mit massenhafter Verletzung der Menschenrechte, das heißt militärische Interventionen aus humanitären Gründen; sogenannte humanitäre Interventionen). Die Weiterentwicklung der Prinzipien, Normen und Regeln der zwischenstaatlichen wirtschaftlichen, sozialen und kulturellen Kooperation bildet einen weiteren absoluten Schwerpunkt der Tätigkeit der Vereinten Nationen.

Bei den „äußeren" Interventionen der Vereinten Nationen ist zwischen friedenserzwingenden (Spezialfall humanitäre Interventionen), friedenserhaltenden und friedenskonsolidierenden Interventionen zu differenzieren (Mandate, Ressourcen). Dies bezieht sich auf zwischenstaatliche und zum Teil innerstaatliche Konflikte. Prioritäten sind Konfliktprävention, Rüstungskontrolle und Friedenskonsolidierung.

Die Sonderorganisationen im VN-System spielen eine zentrale Rolle bei der Gestaltung der funktionalen Staatenkooperation (sektorale Kooperation).

Das dezentrale System der Entscheidungsfindung in weltwirtschaftlichen Fragen (Welthandels-, Weltwährungs- und Weltfinanzsystem) erfordert eine rationale Arbeitsteilung zwischen Sonderorganisationen wie Internationaler Währungsfond, Weltbankgruppe und Welthandelsorganisation und VN-Organen wie Wirtschafts- und Sozialrat und nachgeordneten Funktional- und Regionalkommissionen.

Entsprechend der Struktur der Vereinten Nationen sollte der VN-Wirtschafts- und Sozialrat die konzeptionelle (Leitlinien) und operationale (finanzielle, technische und humanitäre Hilfe) Verantwortung für die Entwicklungspolitik übernehmen.

Die Vereinten Nationen sind instrumentell bei der Entwicklung und Normierung spezieller Typen von *Menschenrechten* (politische und sozialökonomische

Rechte). Die Durchsetzung dieser Rechte erfolgt auf nationaler Ebene. Die Vereinten Nationen sollten weiterhin ihre Rolle beim internationalen Menschenrechtsschutz wahrnehmen.

Die Gestaltung und Koordination multilateraler Kooperation erfordert auch eine Anpassung internationaler Regime/Regelungen an veränderte politische und wirtschaftliche Bedingungen im Staatensystem. Prozesse wie Globalisierung und Transnationalisierung erfordern multilaterale Entscheidungen z. B. über die Bereitstellung „globaler öffentlicher Güter" (Typen, Bereitstellung, Finanzierung). Dies erfordert komplizierte „zwischenstaatliche Aushandlungsprozesse" zur Entwicklung geeigneter Anreiz- und Sanktionsinstrumente. Das Normensystem zur Regelung der zwischenstaatlichen Kooperation muss staatliches Verhalten an diese Normen binden und im Falle der Verletzung sanktionieren. Dabei muss zwischen globalen und regionalen Mechanismen (Subsidiarität) eine komplementäre Beziehung bestehen.

Die multilaterale Rolle der Vereinten Nationen muss den Erfordernissen der *„postnationalen Konstellation"* Rechnung tragen. Der Übergang zur Transnationalisierung erfordert globale Netzwerke zur Steuerung dieser Prozesse. Dies bedingt eine Zusammenarbeit von nationalen Regierungen, internationalen zwischenstaatlichen Organisationen, Nichtregierungsorganisationen und der Organisationen der Privatwirtschaft. Dies setzt neue Maßstäbe für multilaterale Strategien und Prozesse. Die Vereinten Nationen müssen diesen Erfordernissen durch Reformen (Struktur, Strategien, Zusammensetzung der Organe, Management und Koordination, Arbeitsweise und -methoden, Entscheidungsverfahren) Rechnung tragen.

Die Transparenz der Entscheidungsprozesse muss erhöht und die Partizipationsrechte neuer Akteure müssen erweitert werden. Dies betrifft die Entscheidungsprozesse, die Entscheidungsergebnisse und ihre Umsetzung sowie geeignete Anreiz- und Sanktionssysteme.

Die Vereinten Nationen müssen Defizite beseitigen, um ihre Rolle als reformierte Institution für die Gestaltung der Weltordnung im 21. Jahrhundert erfüllen zu können. Entscheidungen der Vereinten Nationen geben dem kollektiven Handeln Legitimität und moralische Autorität.

Dies bedingt eine Repräsentanz aller Staaten, Regionen und Staatengruppen in den Entscheidungsgremien und Entscheidungsprozessen. Der schwierige Ausgleich zwischen Legitimität der Entscheidungen und Effizienz der Entscheidungsprozesse muss erfolgen. Dies hat Konsequenzen für die Größe und Zusammensetzung der Verhandlungsorgane, die Entscheidungsverfahren und die Entscheidungsregeln. Die kollektiven Entscheidungsprozesse des Systems der Vereinten Nationen betreffen sowohl die Normsetzungsverfahren als auch die Durchsetzung der Normen im Staatenverhalten.

Die Glaubwürdigkeit der Staaten wird von der Einhaltung dieser Normen beeinflusst. Die Einhaltung der Verhaltensstandards durch die Staaten setzt eine angemessene Beteiligung an der kollektiven Normsetzung voraus. Die relativierte Souveränität von gleichwertigen Nationalstaaten ist Ausdruck der Anerkennung kollektiv festgelegter Normen und Regeln. Der „nüchterne liberale Institutionalismus" setzt somit auf die Wirkung multilateraler Regelungen, aber negiert nicht den Einfluss unterschiedlicher Machtpotentiale einzelner Staaten. Er berücksichtigt die Relativierung der absoluten Souveränität bzw. eines absoluten Interventionsverbotes. Die Rolle der Vereinten Nationen als Instrument kollektiver Entscheidungen erfordert es, die demokratische Legitimität der Vereinten Nationen zu stärken.

Dies betrifft die Prozesse in den Vereinten Nationen (Organe, Agenda, Arbeitsweise, Entscheidungsverfahren). Die SVN stellt an die souveränen Nationalstaaten nur die Forderung nach Einhaltung der Satzung. Ein bestimmtes politisches oder sozialökonomisches System innerhalb der Staaten wird nicht gefordert. Das bedingt aufgrund unterschiedlicher politischer und sozioökonomischer Systeme unterschiedliche Perzeptionen und nationale Interessen. Der multilaterale Ausgleich dieser Interessen ist Voraussetzung für Entscheidungen über kollektives Handeln der internationalen Staatengemeinschaft. Es muss aber erwartet – und notfalls durch Sanktionen durchgesetzt – werden, dass kollektiv getroffene Entscheidungen Grundlage des Handelns der Staaten sind. Dies ist in konkreten Konflikten oft nicht der Fall. Daraus resultieren Wertungen bezüglich der „Ineffizienz des Multilateralismus". Dies betrifft auch den unterschiedlichen Grad der Realisierung multilateraler Entscheidungen in innerstaatlichen Prozessen. Das

Fehlverhalten von Staaten in den äußeren Beziehungen (zwischenstaatliche Konflikte) bzw. auch in der innerstaatlichen Gestaltung der Beziehungen Staat zu Individuum (Menschenrechte) steht oft im Widerspruch zu kollektiven Normen. Dies erfordert abgestufte Interventionen der Vereinten Nationen (als Staatengemeinschaft).

Das komplizierte System der Vereinten Nationen besteht aus zwischenstaatlichen Organen (eigentliche VN) und Organen des VN-Sekretariats (nachgeordnete VN). Dies führt immer wieder zu Missverständnissen über Rolle und Wirkung der Vereinten Nationen. Die entscheidende Rolle spielen im System (siehe Kap. 2) die Staaten. Sie agieren in unterschiedlichen Rollen (Vertretung nationaler Positionen in Diskussionen, Akteur in multilateralen Verhandlungen). Die Vertreter des VN-Sekretariats unterstützen die zwischenstaatlichen Prozesse bzw. die Umsetzung multilateraler Programme. Diese Differenzierung ist zu berücksichtigen, wenn man nach den Ursachen multilateraler Misserfolge sucht und Schuldzuweisungen vornimmt.

Die Presse hat regelmäßig Probleme, dies klar darzustellen. Oft werden die VN auf die Sekretariatseinheiten unter Leitung des Generalsekretärs reduziert. Dies dient als Grundlage für Schuldzuweisungen (Funktion als Scapegoat), wobei die wahren Ursachen von Fehlschlägen oft in Mängeln des zwischenstaatlichen Mechanismus liegen. Daraus resultieren zum Beispiel ständige Reformen der VN-Sekretariate (Struktur, Budgets, Personal). Bemühungen zur Reform der Struktur und Arbeitsweise zwischenstaatlicher Organe verlaufen demgegenüber oft relativ erfolglos (Sicherheitsrat, Generalversammlung, Wirtschafts- und Sozialrat).

Reformen der Zusammensetzung dieser zwischenstaatlichen Organe, ihrer Arbeitsmethoden und Entscheidungsverfahren bzw. die Schaffung des Netzes nachgeordneter Organe scheitern regelmäßig an unüberbrückbaren Staatendifferenzen. Dies klar zu benennen, bedeutet nicht, die Notwendigkeit von Managementreformen in den VN-Sekretariaten zu negieren.

Die Wirkung der Vereinten Nationen auf den verschiedenen Politikfeldern der internationalen Politik ist somit abhängig vom politischen Willen der Staaten zur Bestimmung gemeinsamer Interessen und dem kollektiven Handeln zur Reali-

sierung dieser Interessen. Die Vereinten Nationen bilden den institutionellen Rahmen für die multilateralen Politikprozesse.
Die Rationalisierung der Struktur der zwischenstaatlichen Organe, die Organisation effizienter multilateraler Verhandlungsprozesse und die wirksame Unterstützung durch effektive Strukturen und Prozesse in den VN-Sekretariaten sind wichtige unterstützende Faktoren. Die multilateralen Entscheidungen im VN-System treffen die Staaten. Diese nehmen die Form von Resolutionen, Leitlinien, multilateralen Verträgen und Konventionen, Deklarationen und Aktionsprogrammen an. Die Umsetzung dieser Entscheidungen durch die Staaten ist im Interesse der Lösung globaler, transnationaler Probleme. Die legitimen unterschiedlichen nationalen Interessen der Staaten müssen in den multilateralen Prozessen im gemeinsam Interesse ausgeglichen werden. Dies bedingt die Übernahme kollektiver Verantwortung.

2. Akteure in den Vereinten Nationen

2.1 Die Rolle der Akteure

Die Akteure in den Vereinten Nationen und in ihren multilateralen Entscheidungsprozessen sind primär die Vertreter von Staaten/Regierungen. Ihnen obliegt die Aufgabe, nationale Positionen/Interessen in den multilateralen VN-Gremien darzulegen. Dabei sind die nationalen Positionen Ergebnis der Aushandlung durch nationalstaatliche Interessengruppen. Diese nationalen Positionen finden ihren Niederschlag in Weisungen/Instruktionen für die Staaten/ Regierungsvertreter in den Vereinten Nationen. Diese Weisungen beziehen sich auf die Darlegung der nationalen Positionen in VN-Diskussionen/Debatten. Sie können auch konkrete Handlungsanleitungen für multilaterale Verhandlungen darstellen. Der Detailliertheitsgrad hängt von der Wichtigkeit des Problems aus der Sicht nationaler Interessen ab.

Die Vertretung der nationalen Interessen in multilateralen Verhandlungsprozessen erfordert die ständige Rücksprache mit den nationalen Regierungen. Neben der Bedeutung des Problems für die nationalen Interessen spielen auch die nationalen Regierungskapazitäten eine Rolle bezüglich der Konkretheit und Detailliertheit ihrer Weisungen. Vertreter kleiner Staaten verfügen oft mangels detaillierter Weisungen über größere persönliche Spielräume in Verhandlungen.

Zu den Aufgaben der Staatenvertreter in den Vereinten Nationen gehört u. a. die Abstimmung der Positionen innerhalb von Staatengruppen, die Information über Staatenpositionen, Diskussions- und Verhandlungsverläufe und Kontakte mit Vertretern der VN-Sekretariate.

Die Vertreter der VN-Sekretariate stellen Expertenwissen, Erfahrung und Logistik zur Verfügung. Sie sind keine direkten Akteure in Entscheidungsprozessen, können aber indirekt über die Bereitstellung von Analysen, Studien, Berichten und Entscheidungsvorschlägen Einfluss nehmen (siehe Kap. 5).

In zunehmendem Maße treten Vertreter der Zivilgesellschaft unter den Bedingungen globaler Governance-Netzwerke zu den politischen VN-Prozessen bei.

Sie artikulieren die Interessen spezieller Interessengruppen (national oder international) und verfügen oft über spezielles Fachwissen, welches Debatten und Verhandlungen befruchtet. Sie verfügen auch oft über konkrete Erfahrungen bei der Realisierung multilateraler Programme in den Empfängerstaaten. Dies nutzt den VN-Prozessen.

Die verschiedenen Akteure haben unterschiedliche Funktionen und Ressourcen, um Einfluss auf die VN-Politikprozesse zu nehmen. Sie verfolgen ihre Interessen, bringen Forderungen ein und regeln die Erbringung und Verteilung von Leistungen. Die Leistungen des VN-Systems umfassen normative Standards und Regelungen, Leistungen zum Konfliktmanagement, technische und finanzielle Entwicklungshilfeleistungen, humanitäre Hilfeleistungen und die Bereitstellung von Informationen. Die VN-Organe managen internationale Regime auf den Gebieten Handel, Finanzen, Umwelt, Menschenrechte, Verkehr, Kommunikation und Sozialpolitik.

Die Hauptakteure, die VN-Mitgliedstaaten, bestimmen die VN-Programme und Leistungen sowie deren Verteilung. Sie stellen die finanziellen und personalen Ressourcen zur Realisierung der VN-Programme bereit. Die Beitragszahlungen zu den VN-Haushalten orientieren sich an der wirtschaftlichen Leistungsfähigkeit der Staaten. Die Zuweisung der VN-Leistungen an Staaten folgt der aktuellen Dringlichkeit. Alle Mitgliedstaaten gewinnen durch die Lösung von Konflikten und die Verrechtlichung der internationalen Beziehungen. Die Prioritäten der Industriestaaten liegen in der Sicherheitspolitik auf Strategien gegen den internationalen Terrorismus, auf der Verhinderung der Verbreitung von Massenvernichtungswaffen, der Stabilisierung fragiler Staaten, der Demokratisierung politischer Systeme, dem Menschenrechtsschutz, der Konfliktprävention und der Friedenskonsolidierung. Die Regulierung weltwirtschaftlicher Prozesse (Handel, Finanzen) soll Sonderorganisationen wie Internationalem Währungsfond und Welthandelsorganisation vorbehalten sein. Den Vereinten Nationen wird eine nur begrenzte Funktion zugewiesen.

Die Entwicklungsländer legen die Priorität bei VN-Aktivitäten auf Unterstützung beim Konfliktmanagement bzw. auf die Unterstützung durch entwicklungspolitische Leistungen.

Diese unterschiedlichen Prioritäten komplizieren die multilateralen Entscheidungsprozesse zur Festlegung von VN-Programmen und Leistungen und deren Verteilung. Diese werden auch dadurch erschwert, dass die Industriestaaten den größten Teil der finanziellen Lasten tragen, die konkreten Leistungen aber den Krisenregionen der Entwicklungsländer zukommen.

2.2 Staatenvertreter

Entsprechend der Natur der Vereinten Nationen sind die Vertreter der Staaten die wichtigsten Akteure in den politischen VN-Prozessen. Die Staatenvertreter handeln auf Weisung ihrer Regierungen. Diese Weisungen gehen auf innerstaatliche Abstimmungsprozesse zurück, die den zwischenstaatlichen VN-Prozessen vorgelagert sind. Diese nationalen Direktiven bestimmen die Handlungsautonomie der Staatenvertreter.

ORGANISATION

Missionen

Die Wahrnehmung nationaler Interessen in multilateralen politischen VN-Prozessen erfordert zunächst die klare Bestimmung nationaler Interessen und ihre Durchsetzung in den internationalen Verhandlungen.

Die Mitgliedstaaten haben die nationalen Kapazitäten zur Analyse und Positionsbestimmung in globalen Fragen. Die ständige Interessenvertretung bei den Vereinten Nationen obliegt den nationalen ständigen VN-Vertretungen (Botschaften). Diese Vertretungen an den Sitzen der Vereinten Nationen (New York, Genf, Wien, Nairobi) bzw. den Sitzen von Sonderorganisationen (Washington, Paris, Rom, Montreal) werden von Botschaftern geleitet.

Diplomaten verschiedener Rangordnung nehmen spezifische Sachgebiete wahr (Sicherheit, Wirtschaft, Menschenrechte, Völkerrecht, VN-Management etc.) und vertreten den Staat in den entsprechenden VN-Organen. Die Größe der nationalen Vertretungen unterscheidet sich nach den Interessen und Kapazitäten der Staaten.

Die Mitarbeiter der VN-Missionen verfolgen die Entwicklung der multilateralen Diskussions- und Verhandlungsprozesse, vertreten die staatlichen Positionen in diesen Prozessen auf der Grundlage der staatlichen Direktiven, arbeiten in Staatengruppen zur Abstimmung der Positionen mit und unterhalten Kontakte zu VN-Sekretariaten. Die diplomatischen Aktivitäten sind vielfältig und erfordern hohen Einsatz sowie Kenntnis der sachlichen Substanz und der VN-Verfahrensregeln. Der Grad der Autonomie unterscheidet sich je nach Striktheit nationaler Weisungen, nach der Bedeutung der Sachverhalte und den unterschiedlichen nationalen Kapazitäten.
Die Größe und Zusammensetzung der nationalen VN-Missionen variiert (z. B. New York: USA 130 Mitarbeiter, Russland 85 Mitarbeiter, China 65 Mitarbeiter, Brasilien 30 Mitarbeiter). Dies wird bestimmt von der Größe der Länder, dem Umfang ihrer multilateralen Aktivitäten sowie von Kostenerwägungen. Für viele Entwicklungsländer ist die Vertretung bei den Vereinten Nationen von zentraler Bedeutung.
Die Größe und Zusammensetzung variiert auch entsprechend der Vertretung in wichtigen VN-Organen bzw. mit der Wahrnehmung von Führungsfunktionen.
Die vertikale und horizontale Arbeitsteilung in den Missionen reflektiert die nationalen Prioritäten bezüglich multilateraler Prozesse.

Delegationen

Die Vertretung der Staaten bei Tagungen von VN-Hauptorganen übernehmen nationale Delegationen. Dies betrifft auch die Vertretung in speziellen multilateralen Verhandlungen. Die Außenminister der Staaten vertreten die nationalen Positionen in der Generaldebatte der Generalversammlung. Zu den Delegationen gehören Diplomaten und Fachleute für einzelne Fachgebiete und auch Parlamentarier aus den Mitgliedstaaten. Sie vertreten die Staaten z. B. in den Hauptkomitees der Generalversammlung.
Der VN-Botschafter bzw. sein Stellvertreter nehmen in der Regel die Vertretung im Sicherheitsrat wahr. Nationale Experten wirken in den verschiedenen Nebenorganen, Ad-hoc- und Expertengruppen. Zu den nationalen Delegationen gehören auch spezielle Berater.

Das koordinierte Auftreten nationaler Delegationen in unterschiedlichen VN-Organen erfordert permanente Abstimmungen innerhalb der nationalen Delegationen bzw. mit den Regierungen in den Hauptstädten.

Autonomie

Der persönliche Entscheidungsspielraum der nationalen Vertreter wird durch die Direktiven bestimmt. Deren Striktheit und Detailliertheit hängt von vielen Faktoren ab wie der Bedeutung des Problems, der Priorität nationaler Interessen, nationalen Kapazitäten und Kompromissmöglichkeiten.
Autoritäre politische Systeme begrenzen den individuellen Entscheidungsspielraum ihrer Vertreter. Mangelnde nationale Kapazitäten können andererseits dazu führen, den Staatenvertretern größeren Handlungsspielraum zu gewähren.
Die wirkungsvolle Vertretung nationaler Interessen in multilateralen Prozessen erfordert Sachkenntnis, Verhandlungsgeschick, Kenntnis der prozeduralen Abläufe, Kontaktfähigkeit und Überzeugungskraft. Die Teilnahme an komplizierten Verhandlungen erfordert Flexibilität und strategische/taktische Fähigkeiten. Diese subjektiven Faktoren ergänzen grundsätzliche Elemente wie nationale Machtpositionen, verfügbare Ressourcen, Alternativen und Koalitionsbildungen. Diese bestimmen den Einfluss einzelner Staaten auf die Verhandlungsergebnisse in den Vereinten Nationen.

Staateneinfluss

Die Staaten nehmen über ihre Vertreter unterschiedlichen Einfluss auf multilaterale Prozesse. Faktoren wie nationale Machtpositionen, nationale Prioritäten und verfügbare Ressourcen sind maßgebliche Einflusselemente. Neben Überzeugungsprozessen bestimmen auch politischer und finanzieller Druck den Verlauf und Ausgang multilateraler Prozesse.
Ideologische Positionen bestimmen oft Ziele und Prioritäten der Staaten. Machtkämpfe erschweren die Erfolgsaussichten für multilaterale Lösungen. Mächtige Staaten betrachten oft unilaterale Lösungen als vorteilhaft, da multilaterale Lösungen ihren Handlungsspielraum begrenzen. Sie bevorzugen unilaterale Strategien, die sie oft nur multilateral legitimieren wollen (siehe Versuche der USA,

die Irak-Intervention 2003 im Sicherheitsrat zu legitimieren). Es ist aber selbst für dominante Staaten schwierig, völkerrechtliche Normen völlig zu negieren. Deshalb wird versucht, sie neu zu interpretieren (siehe USA: Strategie einer unilateralen präventiven Selbstverteidigung). Andererseits bedarf es starker Staaten, um kollektive Entscheidungen zu treffen und durchzusetzen (zum Beispiel bei der Schaffung und Realisierung internationaler Regime). Die Entscheidungsmechanismen im VN-Exekutivorgan Sicherheitsrat haben das Konstruktionselement Vetorecht. Dies verstößt formal gegen den Grundsatz der Staatengleichheit, ist aber im Interesse wirksamer kollektiver Maßnahmen notwendig. Dies erfordert aber auch eine maßvolle Nutzung des Vetorechts durch die ständigen Mitglieder des Sicherheitsrates.

Mittlere und kleine Staaten können multilaterale Organe und Prozesse nutzen, um wirkungsvoll spezielle Initiativen zu ergreifen bzw. Koalitionen zu bilden (Internationaler Strafgerichtshof, humanitäre Interventionen, Landminenkonvention). Das verstärkt ihren positiven Einfluss in den Vereinten Nationen und erweitert ihre national begrenzten Einflussmöglichkeiten (Kanada, nordische Staaten).

Die Natur zunehmender globaler und transnationaler Probleme erfordert multilaterale Lösungen. Die VN-Legitimierung kollektiver Handlungsstrategien ist unabdingbar. Dies bedeutet keinen Verzicht auf die Vertretung legitimer nationaler Interessen. Diese müssen jedoch Bestandteil multilateraler Strategien sein. Der Interessenausgleich ist kompliziert und bedarf zäher, oft langwieriger multilateraler Verhandlungsprozesse. Zudem müssen erreichte multilaterale Entscheidungen umgesetzt werden (Überwachung, Sanktionierung).

Interessenkollisionen sind unvermeidbar. Die nationalen Vertreter brauchen Zähigkeit und Geduld, um Verhandlungsfortschritte zu erreichen. Flexibilität in der Vertretung nationaler Interessen ist erforderlich. Fairer Interessenausgleich ist in der multilateralen Praxis kompliziert.

Die geschickte Nutzung moderner Verhandlungsstrategien und -taktiken durch die nationalen Vertreter kann die multilateralen Prozesse beschleunigen. Die übermäßige Anwendung politischen bzw. finanziellen Drucks führt zu negativen Reaktionen, ebenso die Nutzung formaler Mehrheiten zur Annahme kontroverser Resolutionen. Dies schafft Frustration und verhindert kollektive Handlungen im gemeinsamen Staateninteresse. Es ist nicht zu übersehen, dass die Annahme bestimmter Resolutionen in der Generalversammlung stärker der Demonstration formaler Macht (numerische Mehrheiten) als dem Interessenausgleich dient. Dies wirkt negativ.

Taylor[1] versucht eine Einteilung von Staaten nach dem Verhältnis zwischen realer politischer und ökonomischer Macht bzw. Einfluss in den VN-Prozessen. Dabei spielt allerdings die Stellung als permanentes Mitglied im VN-Sicherheitsrat eine Rolle. Demzufolge ergibt sich folgender Orientierungsrahmen:

a) Staaten, deren politisch-wirtschaftliche Macht in etwa dem Einfluss in den Vereinten Nationen entspricht (USA, China, Russland)
b) Staaten, deren VN-Einfluss ihre reale politisch-ökonomische Macht übersteigt (Frankreich, Großbritannien)
c) Staaten, deren Einfluss in den Vereinten Nationen nicht ihrer realen Position in der internationalen Machtverteilung entspricht (Japan, Deutschland)
d) mittlere Staaten, deren VN-Einfluss ihr reales Machtpotential übersteigt (Kanada, nordische Staaten)
e) Staaten, deren politisch-ökonomische Macht begrenzt ist, die aber zu den hauptsächlichen Nutzern von VN-Leistungen gehören (kleine und mittlere Staaten in Afrika, Asien und Lateinamerika)

Der konkrete staatliche Einfluss einzelner Staaten hängt also von ihrer Größe, politischen und wirtschaftlichen Macht, nationalen Prioritäten und der Einstellung zum Multilateralismus ab.

Die Staatenvertreter können diese Faktoren durch ihr Auftreten in den multilateralen Organen verstärken bzw. auch abschwächen. Dies hängt von geschickter Diskussions- und Verhandlungsführung auf Basis nationaler Weisungen ab.

1 siehe Taylor/Groom: The United Nations at the Millennium. Continuum, New York/London 2000

2.3 Vertreter von Staatengruppen

Die 192 VN-Mitgliedstaaten nehmen in unterschiedlichem Umfang an den Diskussionen und Verhandlungen in den verschiedenen VN-Organen teil. Die Gruppenbildung von Staaten hilft bei der Organisation des Ablaufs multilateraler Prozesse. Sie ermöglicht wirksame Einflussnahme auf den Verlauf und die Ergebnisse von Verhandlungsprozessen. Dies erhöht die Effektivität und Flexibilität dieser Prozesse. Koalitionsbildungen ermöglichen die Bündelung von Interessen und deren wirksame Vertretung. Die Bildung von Staatengruppen erleichtert auch die Verteilung der Sitze für VN-Organe mit begrenzter Mitgliedschaft. Die SVN enthält keine formalen Festlegungen zur Bildung von Staatengruppen.

Das bestehende System hat sich besonders mit dem Steigen der Zahl der Mitgliedstaaten entwickelt. Neben den positiven Faktoren sind auch zum Teil negative Wirkungen zu verzeichnen. Die Gruppenbildung fordert die Einordnung staatlicher Einzelinteressen, sie führt oft zur Einigung auf den kleinsten gemeinsamen Nenner und kann zu formalen Mehrheiten führen, welche die realen Machtstrukturen verzerrt reflektieren.

Die internen Koordinationsprozesse sind oft kompliziert und die Konsensbildung zwischen den Gruppen schwierig.

Typen von VN-Staatengruppen

Die Gruppen können eingeteilt werden in:

1. Geographische VN-Staatengruppen (Regionalgruppen)
2. Staatengruppen mit gemeinsamen Interessen
3. Verhandlungsgruppen

Zu 1: Die VN-Regionalgruppen

Diese Gruppen haben sich mit der Entwicklung der Vereinten Nationen gebildet und sind den veränderten Bedingungen periodisch angepasst worden.

Zum gegenwärtigen Zeitpunkt bestehen fünf Regionalgruppen:

- Afrika (53 Staaten)

- Asien (54 Staaten)
- Lateinamerika/Karibik (33 Staaten)
- Osteuropa (24 Staaten)
- Westeuropa und andere Staaten (28 Staaten)

Die arabischen Staaten (Naher Osten) gehören zur afrikanischen und asiatischen Gruppe. Die asiatische Gruppe umfasst auch Nachfolgestaaten der Sowjetunion in Zentralasien (Kasachstan, Kirgisien, Tadshikistan, Turkmenien und Usbekistan).
Die osteuropäische Gruppe umfasst auch die baltischen und kaukasischen Staaten der früheren Sowjetunion sowie auch Russland, Weißrussland und die Ukraine.
Die westeuropäische und andere Staatengruppe schließt u. a. Malta, Kanada, Australien, Neuseeland und seit dem Jahr 2000 auch Israel ein. Israel bemüht sich weiter um die Mitgliedschaft in der asiatischen Gruppe. Die Schweiz gehört nach ihrem VN-Beitritt zu dieser Gruppe. Die USA gehören zu dieser Gruppe im Falle von Wahlen zu VN-Organen.

Funktionen

Die VN-Regionalgruppen spielen eine Rolle bei Wahlen zu VN-Organen mit begrenzter Mitgliedschaft (Sicherheitsrat, Wirtschafts- und Sozialrat mit nachgeordneten Funktionalkommissionen, Menschenrechtsrat). Die begrenzte Zahl der Sitze wird nach einem Schlüssel auf die VN-Regionalgruppen aufgeteilt. Die Regionalgruppen bestimmen ihre Vertreter. Diese werden durch die Generalversammlung bestätigt.

Beispiel

- *Sicherheitsrat 10 nichtständige Mitglieder*
  5 Sitze Afrika/Asien
  2 Sitze Lateinamerika/Karibik
  2 Sitze Westeuropa und andere Staaten
  1 Sitz Osteuropa

- *Wirtschafts- und Sozialrat (ECOSOC) – 54 Sitze*
  14 Sitze Afrika
  11 Sitze Asien
  10 Sitze Lateinamerika/Karibik
  13 Sitze Westeuropa und andere Staaten
  6 Sitze Osteuropa

Probleme

Umstritten ist der Schlüssel zur Aufteilung der Sitze auf Regionalgruppen (agreed slates). Schwierig ist oft die Bestimmung der Vertreter in den Regionalgruppen angesichts zum Teil konkurrierender Kandidaturen bzw. zum Teil die Akzeptanz der festgelegten Vertreter durch die Generalversammlung.

Beispiel

Die Politik der USA in den Vereinten Nationen führt oft zu Frustrationen bei anderen Staaten. Der westeuropäischen und anderen Staatengruppe standen 2001 drei Sitze in der Menschenrechtskommission zu. Es gab vier Bewerber (USA, Frankreich, Österreich und Schweden). Die USA erhielten in der Regionalgruppe die geringste Stimmzahl. Die USA waren unzufrieden und unternahmen erfolgreiche Anstrengungen, diese Situation 2002 zu korrigieren. Angesichts der Unzufriedenheit mit der Zusammensetzung und Arbeitsweise der VN-Menschenrechtskommission drängten sie auf die Bildung des VN-Menschenrechtsrates (Bildung 2005). Die USA versuchen weiterhin, aus ihrer Sicht Staaten mit totalitären politischen Systemen trotz deren Nominierung durch Regionalgruppen aus dem Menschenrechtsrat auszuschließen. Dies führt zu politischen Kontroversen.

Reformen

Die unterschiedliche Größe der VN-Regionalgruppen ist problematisch. Dies führt zu Ungerechtigkeiten z. B. bei der Verteilung der Sitze für den VN-Sicherheitsrat. Dies betrifft natürlich auch die gegenwärtige Zuordnung ständiger Sitze aus Sicht der Regionalgruppen. Eine mögliche Variante wäre nach dem Ende des Ost-West-Konflikts die Zusammenlegung der west- und osteuropäischen Regionalgruppen. Die Erweiterung der Sitze im Sicherheitsrat (getrennt nach ständigen und nichtständigen Mitgliedern) könnte die Repräsentanz der Regionen Afrika, Asien und Lateinamerika verbessern. Mögliche Veränderungen sind Teil der Reformbemühungen zur Anpassung der VN-Mechanismen an veränderte Bedingungen. Veränderungen sind aufgrund der differenzierten Interessen schwierig durchzusetzen.

Zu 2: Interessengruppen von Staaten in den Vereinten Nationen

Die Bildung von Gruppen von „like-minded states“ basiert auf der Gemeinsamkeit der Interessen bezüglich bestimmter globaler Probleme und multilateraler Lösungsstrategien. Es geht bei der Bildung solcher Staatengruppen um politische Präferenzen. Diese Gruppen können ad hoc und zeitweilig bzw. relativ permanent gebildet werden. Wichtige Interessengruppen in den Vereinten Nationen sind:

a) die sogenannte *Gruppe 77*. Diese Gruppe vertritt die Interessen von über 130 Staaten speziell in entwicklungspolitischen Fragen. Sie koordiniert die Position dieser Staaten zu weltwirtschaftlichen Fragen, speziell aus Sicht der Interessen der Entwicklungs- und Schwellenländer. Die Gruppe wird zunehmend heterogener. Das unterschiedliche Entwicklungsniveau bedingt spezifische Interessen. Diese erschweren die Formulierung gemeinsamer Positionen. Die Differenzierung der Interessen führt zu Führungsrivalitäten in der Gruppe.
b) die *Gruppe nichtpaktgebundener Staaten (NPG-Staaten)*. Diese Gruppe bildete sich angesichts des bipolaren Ost-West-Konflikts und des Versuchs, zu den verschiedenen Blöcken Abstand zu wahren. 112 Mitgliedstaaten versuchten, auch in den Vereinten Nationen gemeinsame politische Positionen zu formulieren und durchzusetzen. Mit dem Ende des Ost-West-Konflikts verringerten sich die politischen Notwendigkeiten zur Formulierung unabhängiger Positionen. Interessengegensätze innerhalb der Gruppe sind deutlicher geworden und erschweren gemeinsame Positionen.

c) *Andere Interessengruppen von Staaten, die zum Teil in den Vereinten Nationen gemeinsame Positionen vertreten,* sind die Europäische Union, die Afrikanische Union, die Organisation Amerikanischer Staaten, die Organisation Lateinamerikanischer Staaten, die Organisation Arabischer Staaten, die Gruppe Nordischer Staaten und die Organisation Südostasiatischer Staaten. Das Auftreten dieser Gruppen in den Vereinten Nationen basiert auf teilweise abgestimmten Gruppenpositionen, ist aber nicht konstant, sondern variiert nach Politikfeldern und realen Situationen. Die EU-Staaten z. B. vertreten oft gemeinsame Standpunkte zu politischen/wirtschaftlichen Fragen. Dies beruht auf koordinierten nationalen Positionen. Im Sicherheitsrat koordinieren die ständigen Mitglieder Frankreich und Großbritannien ihre Position mit EU-Staaten, die zeitweilig als nichtständige Mitglieder fungieren, aber nicht mit EU-Mitgliedstaaten, die nicht Mitglieder des Sicherheitsrates sind. Einige dieser Gruppen wie die Europäische Union und die Afrikanische Union haben eigenen Beobachterstatus bei den Vereinten Nationen und verfügen über eigene institutionelle Strukturen.

Zu 3: VN-Verhandlungsgruppen

Die multilateralen VN-Prozesse mit der Vielzahl von Akteuren und unterschiedlichen Interessen sind kompliziert. Akteure in multilateralen Verhandlungen sind Staaten und Staatengruppen. Im Interesse effektiver Verhandlungsprozesse bilden sich temporär und ad hoc spezielle Verhandlungsgruppen. Diese informalen Gruppen helfen, Verhandlungsblockaden zu überwinden und alternative Lösungen vorzuschlagen. Alle wichtigen Interessengruppen sind in solchen spezifischen Verhandlungsgruppen vertreten. Diese Gruppen erhöhen die Flexibilität der komplexen Prozesse. Sie tragen zur notwendigen Vertrauensbildung bei. Vertreter der VN-Sekretariate unterstützen in der Regel die Arbeit dieser Gruppen.

2.4 Vertreter von VN-Sekretariatseinheiten

Die Mitarbeiter der VN-Sekretariatseinheiten sind indirekte Akteure in den multilateralen politischen Prozessen. Sie sind keine direkten Teilnehmer an den Verhandlungsprozessen bzw. Entscheidungsverfahren. Der indirekte Einfluss beruht auf Erfahrung, Informationen, Fachkenntnissen und logistischer Unterstützung. Das VN-Sekretariat ist hierarchisch strukturiert und wird vom Generalsekretär geleitet. Die Mitarbeiter sind als Mitglieder eines unabhängigen internationalen Zivildienstes den Zielen der Vereinten Nationen verpflichtet und von Weisungen der Staaten unabhängig.

Die SVN regelt in Artikel 97 bis 101 die Rolle, Aufgaben und Stellung des VN-Generalsekretärs und seiner Mitarbeiter.

ROLLE/AUFGABEN

Rolle

Art. 97 der SVN bestimmt den VN-Generalsekretär zum Chefadministrator der hierarchisch geordneten Sekretariatseinheiten.

Nach Art. 98 führt der Generalsekretär politisch-diplomatische Aufgaben im Auftrag der VN-Hauptorgane, speziell des Sicherheitsrates, durch.

Nach Art. 99 der SVN hat der Generalsekretär das politische Initiativrecht, d. h. das Recht, dem Sicherheitsrat, basierend auf den verfügbaren Informationen, die Befassung mit speziellen Konfliktsituationen zu empfehlen.

Daraus ergeben sich folgende **konkrete Aufgaben:**

1. Management der Realisierung der VN-Arbeitsprogramme (Analysen, Berichte, technische Hilfe)
2. Durchführung von Aufgaben zur Konfliktprävention und friedlichen Konfliktbeilegung
3. Leitung von friedenserhaltenden und friedenskonsolidierenden VN-Operationen
4. Erarbeiten konzeptioneller Vorschläge zur internationalen Sicherheits- und Entwicklungspolitik

5. Koordinierung der Arbeit der Sekretariate der VN und der Sonderorganisationen
6. Wahrnehmung des politischen Initiativrechtes gegenüber dem VN-Sicherheitsrat

Struktur

Der VN-Generalsekretär leitet das hierarchisch gegliederte System von VN-Sekretariatseinheiten. Er ist verantwortlich für die Programm-, Budget- und Personalpolitik. Der VN-Generalsekretär wird durch Management- und Koordinationsmechanismen (Managementgruppen, Exekutivkomitees) sowie durch die Untergeneralsekretäre als Leiter von VN-Hauptabteilungen (Departments) unterstützt. Das VN-Sekretariat spielt eine Rolle in unterschiedlichen Phasen der Politikentwicklungsprozesse (Problemidentifikation, alternative Strategien, Bewertung der Strategien, Entscheidung, Entscheidungsrealisierung).

Einflussmechanismen

Die politische Rolle des VN-Generalsekretärs sowie des VN-Sekretariats ist begrenzt (Initiativrecht, Erfüllung politischer Aufträge, Erarbeiten konzeptioneller Vorschläge, Leitung von Sicherheitsoperationen, Leitung von Entwicklungsprogrammen). Seine relative Macht basiert auf der moralischen Autorität als Verkörperung der VN-Prinzipien und Werte. Die Balance zwischen politischen und Managementaufgaben ist umstritten. Die politischen VN-Prozesse dominieren die Mitgliedstaaten.

Ein falsches Verständnis der politischen Rolle des Generalsekretärs führt zu unrealistischen Erwartungen und entsprechenden Enttäuschungen.

Das bedeutet keine passive politische Rolle, aber eine aktive realistische Wahrnehmung begrenzter politischer Handlungsmöglichkeiten. Weiterhin trägt ein effektives Management der VN-Programme zur Wirksamkeit der gesamten Organisation bei.

Der VN-Generalsekretär und die Sekretariatseinheiten können effektiv wirksam werden bei der Durchsetzung politischer Aufgaben auf den Gebieten Konfliktprävention, zivile Konfliktbearbeitung, Friedenssicherung und -konsolidierung.

Neben der analytischen Unterstützung der multilateralen Entscheidungsfindung kommt den VN-Sekretariaten eine wichtige Rolle als Akteure bei der Umsetzung von multilateralen Entscheidungen zu (Sicherheitspolitik, Entwicklungspolitik, Menschenrechtspolitik, Umweltpolitik). Sie sind damit auf normativer und operativer Ebene echter Partner der Staaten in den multilateralen Prozessen.
Die effektive Erfüllung von VN-Programmen und deren Management sind ein wichtiger Beitrag zur rationalen Gestaltung zwischenstaatlicher Prozesse.
Der VN-Generalsekretär wird von den Mitgliedstaaten bestimmt (Vorschlag durch den Sicherheitsrat, Bestätigung durch die Generalversammlung). Die Staaten bestimmen die Parameter für seine Tätigkeiten (Programme, Budgets). Er muss zunächst das effektive Management dieser Programme sichern. Zugleich muss er sich strikt an die Prinzipien, Normen und Regeln der SVN halten und für deren Beachtung sorgen. Daraus ergeben sich Spannungen und Druck, die die Tätigkeit erschweren. Ein unangemessenes „Mikromanagement" der Generalversammlung begrenzt den Entscheidungsspielraum des Generalsekretärs auch beim Programmmanagement. Trotzdem trägt er die Verantwortung für Ineffizienz und Korruption im System. Seine Vorschläge zur Managementreform (Strukturen, Programmprozesse, Budgetprozesse, Kontrollsysteme) sind zwischen den Staaten umstritten.
Verstärkte Autonomie des VN-Generalsekretärs beim Management erzeugt Befürchtungen bezüglich des Einflussverlustes durch einzelne Staaten.
Der Generalsekretär muss ein ausgewogenes Verhältnis zwischen seinen Funktionen als Programmmanager und als politischer Diplomat herstellen. Staaten sehen die Prioritäten unterschiedlich. Die Teilung der administrativen Pflichten sowie gute politische Kontakte zu den Staatengruppen sind Voraussetzung für die Wahrnehmung der Funktionen. Dazu können persönliche Eigenschaften die Prioritäten, Risikobereitschaft, konzeptionelle Vorstellungen und Managementmethoden maßgeblich beeinflussen (mehr General oder mehr Sekretär). Für die konkrete Wahrnehmung des Amtes gibt es keine Patentrezepte. Konzeptionelle Visionen sind wichtig, können aber zu Spannungen mit einzelnen Staaten führen. Die Vermittlung zwischen unterschiedlichen Staatenpositionen erfordert diplomatisches Geschick und effektives Management der Sekretariatseinheiten,

organisatorische Fähigkeiten. Die gleichmäßige Ausprägung dieser wünschenswerten Fähigkeiten in einer Person ist nicht realistisch. Daraus ergeben sich Ansatzpunkte zur Kritik einzelner Prozesse.

Bemerkenswerte konzeptionelle und operative Vorschläge waren z. B.:

1. die Entwicklung eines umfassenden Konzepts zur Gestaltung der VN-Sicherheitsoperationen und des Konfliktmanagements der Vereinten Nationen (Agenda for Peace 1992)
2. die Festlegung einer umfassenden Strategie zur Entwicklungspolitik (Agenda for Development 1997), ergänzt durch die Festlegung entwicklungspolitischer Ziele (2000)
3. die Erarbeitung eines Konzepts militärischer Intervention in innerstaatliche Konflikte im Falle massenhafter Menschenrechtsverletzungen und die Relativierung absoluter Staatensouveränität und des absoluten Interventionsverbotes (2001)
4. die Verbesserung der Logistik friedenserhaltender Operationen (Brahimi-Bericht 2002)
5. Vorschläge zum Ausbau der Kooperation zwischen den Vereinten Nationen und Zivilgesellschaft (Cardoso-Bericht 2002)
6. die Erarbeitung einer erweiterten Sicherheitskonzeption und die Einbeziehung neuer sozioökonomischer und terroristischer Bedrohungen (2005 High-Level Panel on Changes, Threats and Challenge)
7. Vorschläge zur VN-Managementreform (2005)

Diese Auswahl konzeptioneller Vorschläge des Generalsekretärs verdeutlicht den Grad der Einflussnahme auf die VN-Prozesse. Diese Vorschläge betreffen die zwischenstaatlichen Prozesse wie auch die Sekretariatseinheiten der Vereinten Nationen. Sie erfordern zu ihrer Annahme und Umsetzung zwischenstaatliche Entscheidungen.

Die Mitarbeiter der Sekretariate unter Führung des Generalsekretärs sind wichtige Akteure in den VN-Prozessen, ohne direkte Entscheidungsteilnehmer zu sein. Dies ergibt sich aus ihrer analytischen Unterstützung multilateraler Entscheidungsfindungsprozesse, aber auch aus ihrer Rolle bei der Realisierung multilateraler Entscheidungen durch spezielle VN-Programme.

Die Programme für die Sekretariatseinheiten leiten sich aus zwischenstaatlichen Entscheidungen ab (Mandate). Dies betrifft Aufgaben zur analytischen Unterstützung zwischenstaatlicher Prozesse (Analysen, Informationen, Studien, Logistik) und Aufgaben zur Realisierung von VN-Entscheidungen (operative Aktionen zur Sicherheitspolitik bzw. Entwicklungspolitik wie z. B. friedenssichernde Operationen, Projekte der technischen und humanitären Hilfe). Der Generalsekretär bündelt diese Aufgaben und unterbreitet Pläne bezüglich Sekretariatsstrukturen, Programmelementen, Budgets und Personalstrukturen. Diese werden durch zwischenstaatliche Beratungsorgane (Komitee zur Beratung der Budgets, Programmkomitee) begutachtet und durch die Generalversammlung bestätigt. Sie bilden die Grundlage für die Tätigkeit der VN-Sekretariatseinheiten.

Der VN-Generalsekretär und sein Führungsteam managen die Realisierung der Programme. Es existiert also eine komplexe Kombination zwischen zwischenstaatlichen Entscheidungsprozessen und Aufstellung sowie Realisierung von VN-Programmen. Die Programme/Budgets der VN-Sekretariatseinheiten basieren auf zwischenstaatlichen Entscheidungen und tragen zu deren Realisierung bei: Dies bestimmt die Stellung der Sekretariatseinheiten und -mitarbeiter als Akteure multilateraler Prozesse.

Einzelheiten des VN-Managements (des Subsystems Sekretariat) und Einzelheiten der Programm-, Budget- und Personalpolitik sind nicht Fokus dieser Schrift. Sie bedürfen zum vertieften Verständnis gesonderter Betrachtung.[2] Hier geht es zunächst nur um die Beziehung der Sekretariatseinheiten als Akteure zu den zwischenstaatlichen Entscheidungsprozessen.

2 siehe Göthel: Die Vereinten Nationen – eine Innenansicht. Auswärtiges Amt, Berlin 2002

2.5 Vertreter der Zivilgesellschaft

Die Steuerung sozialökonomischer Prozesse auf nationaler, regionaler und globaler Ebene unter den Bedingungen der Globalisierung und Transnationalisierung (postnationale Konstellation) erfordert eine stärkere Beteiligung der Zivilgesellschaft an den politischen Prozessen in den Vereinten Nationen. Nationale und internationale Nichtregierungsorganisationen (NGO's) mit unterschiedlicher demokratischer Legitimität repräsentieren spezielle Interessen bezüglich der Lösung globaler Probleme. Wie bereits ausgeführt, sind nationale Nichtregierungsorganisationen aktiv an der Bestimmung nationaler Positionen und Strategien beteiligt.

Verschiedene nationale bzw. internationale Nichtregierungsorganisationen sind an multilateralen Prozessen beteiligt. Die transnationalen Unternehmen sind ebenfalls auf nationaler Ebene aktiv. Sie nehmen Einfluss auf staatliche Positionen und die Regelung der internationalen Handels- und Finanzbeziehungen. Die wirtschaftliche Macht wird eingesetzt, um günstige Rahmenbedingungen für die internationalen Wirtschaftsbeziehungen zu erreichen (Handel, Finanzen, Direktinvestitionen). Im globalen Pakt mit den Vereinten Nationen haben sich transnationale Unternehmen freiwillig zur Einhaltung internationaler Standards (Arbeitsstandards, Umweltstandards, Menschenrechtsstandards) verpflichtet.

Die Nichtregierungsorganisationen verfolgen die Ziele unterschiedlicher Interessengruppen. Sie verfügen über unterschiedliche personelle und finanzielle Ressourcen. Die Vereinten Nationen als internationale zwischenstaatliche Organisation legen internationale Standards auf verschiedenen Gebieten fest (soziale Standards, Menschenrechtsstandards). Nichtregierungsorganisationen bewerten staatliches Verhalten an diesen Standards. Sie unterstützen aktiv entwicklungspolitische, sicherheitspolitische und humanitäre VN-Operationen. Die Vereinten Nationen sind am politischen Dialog mit diesen Nichtregierungsorganisationen interessiert. Dabei sind die „Interessengruppen“ zu differenzieren in national/ international, institutionalisiert/ad hoc und für Profit/Nichtprofit. Es sind private Assoziationen von Individuen, basierend auf gemeinsamen Interessen, in Ver-

folgung bestimmter Ziele. Sie besitzen formale Strukturen der Entscheidungsfindung.
Die transnationalen Unternehmen als profitorientierte Organisationen arbeiten mit Tochtergesellschaften in verschiedenen Staaten. Sie verfügen über transnationale Strukturen. Spezielles Interesse besteht deshalb an der internationalen Investitionspolitik und der Regelung der internationalen Handels-, Finanz- und Wettbewerbspolitik.
Der politische Rahmen der Globalisierung wird zum Teil im VN-System (Sonderorganisationen) festgelegt. Daraus resultiert das Interesse der transnationalen Unternehmen an der Mitwirkung im System der Vereinten Nationen.

Teilnahmemechanismen

Die Mitwirkung von Nichtregierungsorganisationen schließt eine direkte Beteiligung an VN-Entscheidungen aus.

Mechanismus 1

Nach Art. 71 der SVN bestehen Beziehungen (Konsultativstatus) von Nichtregierungsorganisationen mit dem VN-Wirtschafts- und Sozialrat (ECOSOC). Dies erfolgt nach Kriterien wie der Befassung mit Problemen, die in ECOSOC-Kompetenz liegen, und der Übereinstimmung mit den Zielen der Vereinten Nationen.
Es gab zunächst *drei Kategorien:*

- Kategorie A: Interesse an verschiedenen Aktivitäten des ECOSOC
- Kategorie B: spezielle Kompetenzen auf Teilgebieten
- Kategorie C: spezielle Aufgaben bei der öffentlichen Meinungsbildung und Informationsverteilung

Mit *Res. 1996/31* wurden eine Kategorie I (genereller Konsultativstatus), eine Kategorie II (spezieller Konsultativstatus) und ein Roster geschaffen. Dabei ist zu beachten, dass der Konsultativstatus zur Teilnahme an den politischen Prozessen nur in bestimmter Form berechtigt. Er kann nicht als gleichberechtigte Teilnahme ohne Abstimmungsrechte betrachtet werden. Die Teilnahmerechte der Kategorie I bestehen im Recht zur Teilnahme an offiziellen Sitzungen, dem

Recht zur Unterbreitung schriftlicher Stellungnahmen, zu mündlichen Interventionen und dem Recht zum Vorschlag von Tagesordnungspunkten.

Mechanismus 2

Dieser Mechanismus regelt die Teilnahme von Nichtregierungsorganisationen in allen VN-Organen, speziell den Zugang zur Generalversammlung bzw. zum Sicherheitsrat. Dies betrifft vor allem Nichtregierungsorganisationen, die sich mit Fragen der Sicherheitspolitik befassen. Es gibt bisher nur begrenzte Schritte zum Ausbau dieser Mitwirkungsrechte. Dies betrifft in der Generalversammlung die Möglichkeit der Teilnahme an den Sitzungen der Hauptausschüsse. Weitergehende Mitwirkungsrechte treffen auf den Widerstand bestimmter staatlicher Akteure. Der VN-Sicherheitsrat hat informelle Treffen mit relevanten Nichtregierungsorganisationen durchgeführt. Weitere Schritte zum Ausbau der Mitwirkungsrechte erfolgen auch in VN-Sonderorganisationen. Die Expertise bestimmter Nichtregierungsorganisationen wird zwar genutzt, aber weitergehende Rechte werden diesen Interessengruppen noch nicht gewährt. Man befürchtet eine Komplizierung zwischenstaatlicher Prozesse.

Mechanismus 3

Die Nichtregierungsorganisationen haben kontinuierlich ihre Konsultationen mit Sekretariatseinheiten ausgebaut. Damit nehmen sie Einfluss auf Analysen, Wertungen und Lösungsvorschläge für zwischenstaatliche Organe und Prozesse. Die NGO's haben auch mit Staaten spezielle Initiativen in den Vereinten Nationen unternommen (Landminenkonvention, Internationaler Strafgerichtshof, Konzept humanitärer Interventionen). Es bestehen spezielle Verbindungsbüros zu NGO's in den VN-Departments für wirtschaftliche und soziale Angelegenheiten und öffentliche Information.

Mechanismus 4

Die NGO's nehmen an speziellen VN-Konferenzen (globale Konferenzen) zu einzelnen globalen Problemen teil. Sie organisieren Parallelkonferenzen zu den zwischenstaatlichen Konferenzen. Die NGO's beteiligen sich an der Vorberei-

tung solcher globaler Konferenzen. Sie unterbreiten konkrete Vorschläge, können aber nicht direkt an den Verhandlungen teilnehmen. Sie sind aktiv bei der praktischen Realisierung angenommener Aktionsprogramme.
Die NGO's bilden Netzwerke bei der Realisierung von VN-Entscheidungen in den Empfängerländern von multilateralen Leistungen. NGO's arbeiten dabei mit VN-Organisationen bei der Realisierung von Programmen zusammen. Auch transnationale Unternehmen beeinflussen aktiv internationale Verhandlungen, z. B. in der Welthandelsorganisation.

Die Mitwirkung der Organe der Zivilgesellschaft in den multilateralen Prozessen der Vereinten Nationen hat zugenommen. Probleme bestehen nach wie vor im Widerstand von Staatenvertretern, in Zweifeln an der demokratischen Legitimation, im Mangel an ausreichenden Ressourcen und der vermeintlichen weiteren Komplizierung bereits komplexer Prozesse.
Die Ausführungen zu den Akteuren im VN-System müssen ergänzt werden mit der Darstellung genereller multilateraler politischer Prozesse (Kap. 3) bzw. multilateraler Entscheidungs- und Verhandlungsprozesse (Kap. 4), in denen die Interaktion der Akteure konkret stattfindet. Die Umsetzung der multilateralen Entscheidungen erfordert weitere Betrachtungen (Kap. 5).

3. Multilaterale politische Prozesse in den Vereinten Nationen

3.1 Neuer Multilateralismus

Die Vereinten Nationen sind das Forum für globale multilaterale Diplomatie. Die multilateralen Prozesse zwischen den VN-Mitgliedstaaten finden in den zwischenstaatlichen Organen mit universeller (Generalversammlung) bzw. begrenzter Mitgliedschaft (Sicherheitsrat, Wirtschafts- und Sozialrat, Menschenrechtsrat) statt. Ergebnisse der Prozesse sind multilaterale Entscheidungen. Die politischen Prozesse in den VN-Organen verlaufen nach parlamentarischen prozeduralen Verfahrensregeln und festgelegten Entscheidungsverfahren bzw. -regeln (siehe Kap. 4).

Es wurde bereits festgestellt, dass die VN-Generalversammlung weder eine Weltexekutive (Weltregierung) noch eine Weltlegislative (Weltparlament) darstellt, obwohl die Vereinten Nationen zur Entwicklung völkerrechtlicher Normen und über die Staatenpraxis zum Entstehen von Völkergewohnheitsrecht beitragen.

Die multilaterale Diplomatie in den Vereinten Nationen dient der horizontalen Politikkoordination zwischen den Staaten und dem internationalen Konfliktmanagement.

Die Koordination vielfältiger nationaler Interessen auf unterschiedlichen Politikfeldern ist ein komplexer Prozess. Der Interessenausgleich gelingt nicht immer. Daraus resultieren Angriffe auf das multilaterale System (Schwerfälligkeit, Ineffizienz, mangelnde Wirkung). Dies liegt auch daran, dass die Nichtrealisierung multilateraler Entscheidungen durch Staaten nur begrenzt sanktioniert werden kann. Die Verrechtlichung der internationalen Beziehungen garantiert nicht automatisch regelgeleitetes Staatsverhalten.

Politisch mächtige Staaten nutzen deshalb oft multilaterale Politik nur selektiv und bevorzugen unilaterale Aktionen, die auf staatlicher Macht basieren. Trotz offensichtlicher Defizite sind multilaterale Strategien angesichts globaler Bedrohungen und der Notwendigkeit, transnationale Prozesse zu steuern, im 21. Jahrhundert unverzichtbar. Die Gestaltung der Weltordnung und die Stabilität des internationalen Systems bedingen einen normativen und institutionellen Rahmen. Den Kern dieses Steuerungsmechanismus bilden die Vereinten Nationen und das System der kollektiven Sicherheit.

Die Vereinten Nationen verfügen über eine Reihe von multilateralen Instrumenten zur Entwicklung von Strategien im Kampf gegen neuartige Bedrohungen der internationalen Sicherheit, zum Konfliktmanagement und zur Gestaltung der wirtschaftlichen Staatenkooperation. Multilaterale Operationen zur Konfliktprävention, zur zivilen Konfliktbearbeitung, zur Friedenssicherung und -konsolidierung, zur Stabilisierung fragiler Staaten und zur sozioökonomischen Entwicklung erfordern multilaterale Entscheidungen und kollektive Aktionen.

Die Gestaltung und Realisierung internationaler Regime erfordert ebenfalls multilaterale Kooperation. Die multilaterale Staatendiplomatie wird ergänzt durch die Herausbildung von globalen Governance-Strukturen in Form von Steuerungsnetzwerken zwischen Staaten, internationalen Staatenorganisationen und internationalen nichtstaatlichen Organisationen *(neue multilaterale Diplomatie).*

Die ständigen Mitglieder des VN-Sicherheitsrates haben mit dem Vetorecht eine starke Position im VN-Exekutivorgan. Zunehmend ergreifen aber Koalitionen kleiner und mittlerer Staaten (like minded states) neue multilaterale Initiativen (Führung von unten).

Dies schließt die Förderung von Kompromissen und Koalitionen mit NGO's ein (sogenannte problemspezifische multilaterale Initiativen). Diese Art von strategischen Allianzen erzeugt öffentlichen politischen Druck bezüglich notwendigen kollektiven Handelns. Die traditionellen „topdown"-Modelle werden durch „multifaceted bottom up"-Modelle ergänzt.

Einige Beispiele für diesen Trend sind:

a) Die massenhafte Verletzung von Menschenrechten in innerstaatlichen Konflikten hat zu Überlegungen geführt, das völkerrechtliche Interventionsverbot und die absolute Staatensouveränität neu zu betrachten. Dies führte zum Konzept der humanitären Intervention, d. h. der Schutzverantwortung der internationalen Gemeinschaft im Falle fehlenden politischen Willens oder mangelnder Kapazitäten auf nationaler Ebene (multilaterale militärische Interventionen bei Vorliegen bestimmter Kriterien). Dieses Konzept wurde von der kanadischen Regierung zusammen mit NGO's entwickelt. Der Generalsekretär hat die Grundelemente in seinen Bericht 2005 übernommen. Das Konzept und seine politischen Konsequenzen sind Gegenstand multilateraler Diskussionen in den Vereinten Nationen.

b) Die politisch-ökonomischen Sanktionsregime der Vereinten Nationen sollen im Falle der Friedensbedrohung als Zwangsmaßnahmen Druck auf nationale Führungsstrukturen ausüben und Politikänderungen veranlassen. NGO's haben darauf verwiesen, dass komplexe Sanktionsregime oft zu negativen Wirkungen für die schwächsten Schichten der Bevölkerung führen. Entsprechend wurden „smarte, gezieltere Sanktionsregime" entwickelt, die stärker auf die politischen Führungseliten der normverletzenden Staaten gerichtet sind.

c) NGO's und Kanada initiierten eine Kampagne zum Verbot von Landminen. Dieser Prozess führte zu einer Konvention, der sich ca. 60 Staaten anschlossen.

d) Weitere Initiativen beziehen sich auf die Errichtung eines Internationalen Strafgerichtshofes und Maßnahmen gegen den internationalen Handel mit Kleinwaffen (Begrenzung der Nachfrage und Kontrolle der Ex- und Importe).

Dies zeigt die Wirkung von Initiativen der „neuen multilateralen Diplomatie". Sie basieren auf Koalitionen interessierter Staaten mit NGO's. Die NGO's (siehe Kap. 2) sind damit zwar keine direkten Akteure in den VN-Entscheidungsprozessen, üben aber Einfluss auf die Entscheidungsprozesse aus. Dies begründet neue Partnerschaften bezüglich globaler Herausforderungen.

Global-Governance-Netzwerke zwingen zur Anpassung der VN-Prozesse, ihrer Prioritäten, Regeln, Strukturen und Ergebnisse. Neben der Anpassung der Strukturen und Prozesse der neuen multilateralen Diplomatie müssen die Entscheidungsprozesse in den Vereinten Nationen stärker auf inhaltliche Schwerpunkte konzentriert werden.

Inhaltliche Schwerpunkte

Die Kernaufgabe der Vereinten Nationen und der multilateralen Diplomatie ist, über den Prozess der horizontalen Politikkoordination zwischen souveränen Staaten (zwischenstaatliche Verhandlungen) internationale Standards und Verhaltensnormen zu erarbeiten. Diese findet ihren Niederschlag in Resolutionen, Deklarationen, multilateralen Verträgen und Konventionen.

Damit werden Standards für das Staatenverhalten in den Beziehungen zu anderen Staaten bzw. im Verhalten gegenüber den Individuen in den Staaten (Menschenrechte) gesetzt. Diese Standards/Normen werden über Resolutionen als Empfehlungen für das Staatenverhalten vorgegeben. In speziellen Konfliktsituationen werden nach Kap. VII SVN politisch-ökonomische und militärische Zwangsmaßnahmen ergriffen, um die Normeinhaltung zu erzwingen. Grundsätzliche Normen werden in multilateralen Verträgen/Konventionen als Ergebnis zwischenstaatlicher Verhandlungen festgelegt.

Die Ratifikation dieser Verträge durch nationale Parlamente regelt die Übernahme der Prinzipien/Normen in nationales Recht. Damit werden sie für das Staatenverhalten wirksam. Dieser Mechanismus enthält zwischenstaatliche Diskussions-, Verhandlungs- und Entscheidungsprozesse im multilateralen VN-Rahmen. Der multilaterale Mechanismus betrifft Regelungen spezifischer Art auf den Gebieten der internationalen Sicherheitspolitik, der internationalen Handels- und Finanzpolitik, der internationalen Umweltpolitik, der internationalen sektoralen Politik (Verkehr, Kommunikation), der internationalen Menschenrechtspolitik, der internationalen Sozialpolitik und der internationalen Entwicklungspolitik.

Dies erfordert spezifische Interaktionen der Akteure in multilateralen Prozessen auf der Grundlage des normativen und institutionellen Rahmens der Vereinten Nationen (Prinzipien, Normen, Institutionen). Bevor auf die multilateralen Verhandlungs- und Entscheidungsprozesse der multilateralen VN-Diplomatie näher eingegangen wird, sollen in kurzer Form die inhaltlichen Schwerpunkte skizziert werden.

Multilaterale Sicherheitspolitik

Die Stabilisierung der internationalen Sicherheit und das internationale Konfliktmanagement sind Kernaufgaben der Vereinten Nationen. Die Vereinten Nationen setzen die grundlegenden Normen wie Gewaltverbot, Interventionsverbot, souveräne Staatengleichheit und Pflicht zur friedlichen Streitbeilegung. Dem Sicherheitsrat kommt die institutionelle Verantwortung zu. Das System der kollektiven Sicherheit sieht zunächst die Anwendung von Instrumenten der zivilen Konfliktbearbeitung (Verhandlungen, Vermittlungen, gerichtliche Entscheidungen) vor.

In Fällen von Friedensbedrohungen, Friedensbrüchen bzw. bewaffneten Aggressionen sollen politisch-ökonomische und militärische Zwangsmaßnahmen (kollektive Reaktionen auf Normverletzung) durch den Sicherheitsrat getroffen werden, um normgerechtes Verhalten zu erzwingen (kollektive Sicherheit).

Die Vereinten Nationen haben weitere Instrumente der Konfliktprävention und des Konfliktmanagements entwickelt. Friedenserhaltende VN-Operationen sollen die Durchsetzung politischer Lösungskonzepte durch die Konfliktparteien unterstützen.

Eine wichtige VN-Funktion liegt in der Friedenskonsolidierung in der Phase nach gewaltsamen Konflikten. Diese spezifische Form der späten Konfliktprävention soll durch die Kombination sicherheitspolitischer, entwicklungspolitischer und menschenrechtlicher Maßnahmen langfristig das Wiederentstehen gewaltsamer Konflikte verhindern, die Konfliktursachen beseitigen und staatliche Strukturen stabilisieren.

Eine spezielle Form der friedenserzwingenden Interventionen bilden militärische Maßnahmen im Falle innerstaatlicher Konflikte mit massenhaften Menschenrechtsverletzungen.

Die Entscheidungen und Aktionen der multilateralen Sicherheitspolitik[3] erfordern komplizierte Verhandlungs- und Entscheidungsprozesse.

---

[3] Horn: Multilaterale ökonomische Sanktionsregime der Vereinten Nationen. Lang Verlag, Frankfurt a. M. 2003; Horn: Vereinte Nationen und multilaterale Sicherheitspolitik. Frank & Timme, Berlin 2005

Das erweiterte Sicherheitskonzept der Vereinten Nationen erfordert multilaterale Entscheidungen und kollektive Handlungen zur Reaktion auf sozioökonomische Bedrohungen, den internationalen Terrorismus und die Verbreitung von Massenvernichtungswaffen. Das Konzept der „menschlichen Sicherheit" ergänzt Konzepte der staatlichen Sicherheit und erfordert neue Normen/Standards, welche international festgelegt und im nationalen Rahmen realisiert werden müssen. Die Einigung auf entsprechende multilaterale Strategien und Aktionen wird die multilateralen Entscheidungsprozesse in den Vereinten Nationen auch zukünftig bestimmen.

Multilaterale Wirtschaftspolitik

Prozesse der Globalisierung und die Transnationalisierung internationaler Wirtschaftsbeziehungen erfordern die multilaterale Gestaltung der Rahmenbedingungen (Prinzipien, Normen, Regeln, Entscheidungsverfahren). Dies betrifft die regionale und globale Ebene und Sachgebiete wie Handel, Finanzen, Investitionen, Wettbewerb, Eigentumsrechte, Sozialpolitik und Umweltpolitik. Multilaterale Regelungen auf diesen Gebieten existieren, entsprechen aber noch nicht den gewachsenen Forderungen zur Regelung globaler Prozesse.

Die Regelung auf diesen Gebieten ist kompliziert und der Ausgleich nationaler Interessen schwierig, aber notwendig. Die Entscheidungsfindungsprozesse sind stark dezentralisiert und werden innerhalb und außerhalb des Systems der Vereinten Nationen gestaltet. Die Welthandelsorganisation (WTO) organisiert das Welthandelsregime einschließlich der Streitbeilegungsverfahren für Handelskonflikte. Die Normen, Regeln und Verfahren bedürfen der ständigen Anpassung und Entwicklung. Dies bedingt langwierige und konflikthafte Prozesse des multilateralen Interessenausgleichs.

Der Internationale Währungsfond (IMF) überwacht nationale Wirtschaftspolitiken aus der Sicht funktionierender Währungsbeziehungen und gewährt Kredite im Falle von Zahlungsbilanzdefiziten. Die damit verbundenen Konditionen zur Währungsstabilisierung sind Gegenstand von komplizierten Verhandlungen. Die Entscheidungsverfahren sind nach Kapitalanteilen gewichtet. Dies verursacht Konflikte über den Einfluss auf diese multilateralen Entscheidungen.

Sonderorganisationen wie die Internationale Arbeitsorganisation (ILO) erarbeiten Standards für die Regelung der industriellen Beziehungen zwischen Arbeitgebern und Arbeitnehmern. Die Einigung auf internationale Standards und deren Durchsetzung auf nationaler Ebene sind Gegenstand komplexer multilateraler Prozesse. Dies betrifft auch die Regelung von intellektuellen Eigentumsrechten in der Weltorganisation für geistiges Eigentum (WIPO) bzw. die Aushandlung und Umsetzung internationaler Umweltregime.

Ein weiterer Schwerpunkt für die Vereinten Nationen ist die internationale Entwicklungspolitik. Der Wirtschafts- und Sozialrat muss stärker eine Leit- und Koordinationsfunktion in dieser Hinsicht ausüben. Die Einigung über konkrete entwicklungspolitische Ziele (Millennium Development Goals) und Strategien zu deren Erreichung sowie die Annahme neuer Instrumente der Entwicklungsfinanzierung (sog. Monterey-Konsensus) sind positive Entwicklungen in dieser Richtung.

Die operativen Programme der finanziellen, technischen und humanitären Hilfe im System der Vereinten Nationen (Weltbankgruppe, VN-Entwicklungsprogramm) sind in den Empfängerländern stärker zu koordinieren.

Die VN-Generalversammlung muss sich stärker mit grundlegenden Fragen der internationalen Wirtschafts- und Sozialordnung und den zugrundeliegenden Konzeptionen befassen. Die einseitige Orientierung an liberalen Prinzipien des Freihandels, des freien Kapitalverkehrs und des internationalen Wettbewerbs (sog. Washington-Konsensus) muss ergänzt werden durch ernsthafte Konzepte über die Funktion von Institutionen (Rechtssysteme, staatliche Institutionen und Kontrollorgane) sowie über die Erfordernisse der Sozial- und Umweltpolitik. Dies ist eine komplizierte Aufgabe und bedingt eine wesentlich höhere Qualität der multilateralen Diskussionsprozesse. Strategisch ausgewogene Konzepte sind die Grundlage für konkrete multilaterale Verhandlungen und Entscheidungen zur politischen Gestaltung der Weltwirtschaftsordnung. Einseitige ideologische Konzepte (extreme wirtschaftsliberale Ideologien bzw. extreme Umverteilungsideologien) erschweren diese Prozesse. Der VN-Generalsekretär kann durch Vorlage von Expertenberichten, Konzepten und Vorschlägen für kollektive Aktionen diese Entwicklungen beeinflussen.

Die Berichte zu entwicklungspolitischen Zielen (Armut, Gesundheit, Bildung, Umwelt), zur Entwicklungsfinanzierung, zu multilateralen Sicherheitsstrategien gegen neue Arten von Bedrohungen, zum Konzept menschlicher Sicherheit und zum Konzept humanitärer Interventionen sind solche Beispiele. Die stärkere Akzentuierung des Konzepts der „Good Governance" in Berichten des VN-Generalsekretärs hat dazu beigetragen, den Zusammenhang zwischen nationaler Politik und sozioökonomischer Entwicklung hervorzuheben und die einseitige Betonung internationaler Entwicklungshilfe für die nationalen Entwicklungen zu relativieren. Die Erarbeitung, Darstellung und Diskussion solcher Konzepte sind Teil effektiver multilateraler Arbeit. Opponenten dieser Konzepte versuchen, ernsthafte Diskussionen von Visionen und Alternativen der internationalen Politik als „akademische Diskussionen" abzuwerten.
Natürlich ist eine Einigung auf neue Konzepte schwierig und berührt nationale Interessen. Dies kann aber nicht dazu führen, auf ernsthafte multilaterale Diskussionen zu verzichten. Die VN-Forschungsinstitute unterstützen solche konzeptionellen Diskussionen durch entsprechende Analysen.

Multilaterale Menschenrechtspolitik

Die Vereinten Nationen haben internationale Standards für politische, ökonomische, soziale und kulturelle Rechte erarbeitet (Konventionen, Pakte). Diese Normen sind Ergebnis langwieriger, kontroverser Diskussions- und Verhandlungsprozesse. Sie betreffen das Verhältnis zwischen Staaten und Individuen.
Die meisten Staaten haben die Pakte/Konventionen ratifiziert, und damit sind sie nationales Recht. Der VN-Menschenrechtsmechanismus (Menschenrechtsrat, Hochkommissar für Menschenrechte, Ausschüsse zu speziellen Konventionen) verfügt über Instrumente (Länderberichte, Wertung der Einhaltung der Konventionen etc.), um die Einhaltung übernommener Verpflichtungen durch die Staaten zu kontrollieren und zu werten bzw. auch technische Hilfe zu gewähren. Dies führt zu zum Teil kontroversen Diskussionen und Verhandlungen über relevante Resolutionen. Dies ist ein wichtiges Element multilateraler Prozesse und muss weiter im Fokus von VN-Prozessen bleiben.

Entwicklungen

Die multilaterale Diplomatie entwickelt sich durch verstärkte Mitwirkung zivilgesellschaftlicher Akteure (sog. neue multilaterale Diplomatie). Es entstehen globale Netzwerke.

Die Verhandlungs- und Entscheidungsprozesse in den Organen der Vereinten Nationen werden sich auf sicherheitspolitische, entwicklungspolitische und menschenrechtliche Schwerpunkte konzentrieren. Dabei geht es weniger um die Entwicklung ständig neuer Normen/Standards, sondern um kollektive Aktionen zur Umsetzung der vereinbarten Normen im zwischenstaatlichen und innerstaatlichen Bereich.

Die Entscheidungsprozesse und Verfahrensregeln der multilateralen politischen Prozesse in den Vereinten Nationen entwickeln sich weiter. Dies erfordert eine rationale Verbindung zwischen formalen und informalen Teilprozessen und die Entwicklung von neuen Instrumenten (siehe Kap. 4).

Die Komplexität multilateraler Diplomatie nimmt zu. Dies erfordert z. B. die Herstellung von Bezügen zwischen Sicherheits-, Entwicklungs- und Menschenrechtspolitik in den entsprechenden Verhandlungsprozessen. Der Interessenausgleich bedingt komplexe Trade-offs. Die Konsenssuche erfordert die Entwicklung neuer Elemente, Strukturen und Instrumente in den multilateralen Prozessen (Ausarbeitung und Vorlage von Entwürfen, Verfahren der Änderung/Ergänzung, Rolle einzelner Akteure, Verbindung zwischen Diskussionen zur Darstellung nationaler Positionen und der Suche nach Entscheidungen).

Beispiele

Die Millenniums-Entwicklungsziele wurden im Jahre 2000 durch 147 Staats- und Regierungschefs angenommen. Die Millenniumsdeklaration basiert auf einem Bericht des VN-Generalsekretärs. Es wurden keine spezifischen zwischenstaatlichen Verhandlungsprozesse zwischengeschaltet. Die Überarbeitung des ursprünglichen Entwurfs erfolgte durch den Präsidenten der Millenniumstagung und das Büro des VN-Generalsekretärs (Ziele, Zeiträume, Strategien).

Die Konferenz über Strategien der Entwicklungsfinanzierung (Monterey, Mexiko 2002) basierte ebenfalls auf innovativen Methoden der Konsensbildung.

Die Vereinten Nationen haben bezüglich der Entwicklungspolitik und -finanzierung verschiedene Phasen durchlaufen. Es gab Entwicklungsstrategien, Entwicklungsziele und Zielstellungen für die Höhe der Entwicklungshilfe. Später wurde das Instrumentarium ergänzt durch Prozesse der Privatisierung, Liberalisierung und Deregulierung. Unzureichende Ergebnisse führten zur Betonung der Konzepte von „Good Governance" (Institutionen, Rechtsrahmen, Kampf gegen Korruption etc.).

In diesem Kontext versuchte die Monterey-Konferenz, in informalen Vorbereitungstreffen Konsens über spezielle Probleme zu erreichen. Diese Treffen waren keine traditionellen zwischenstaatlichen Verhandlungen. Es fanden keine langwierigen Textverhandlungen statt. Auf der Basis des Entwurfes eines „Facilitators" wurde ein kurzer Aktionsplan angenommen (Konsensus über Verpflichtungen und deren Realisierung). Dieser beruht auf der Festlegung globaler Verantwortung für die Industrieländer, Entwicklungsländer und die internationalen Organisationen (VN, IMF, WB, WTO).

Der Aktionsplan behandelt die entwicklungspolitischen Ziele und Strategien ganzheitlich (Handel, Finanzen, Investitionen, Rohstoffexporte und -preise, Verschuldung, Marktzugang).

Die multilateralen Prozesse gehen von einer Relativierung des absoluten Souveränitätsanspruches der Nationalstaaten aus. Dies zu akzeptieren, ist für manche Staaten schwierig, ist aber Folge der Transnationalisierung. Dies verstärkt die Rolle der Vereinten Nationen als Instrument des multilateralen Interessenausgleichs. Dies ergänzt wirksam unilaterale staatliche Handlungen und bilaterale diplomatische Aktivitäten. Es fordert auch neue Kriterien für angemessene Formen von VN-Interventionen und die Interpretation des Interventionsverbotes (Nichteinmischung in die inneren Angelegenheiten von Staaten).

Starke Hegemonialstaaten (USA) bevorzugen, wie gesagt, unilaterale Aktionen bzw. betrachten multilaterale Begrenzungen ihres Handlungsspielraumes skeptisch. Zugleich sind sie an bestimmten multilateralen Prozessen stark interessiert (Welthandelssystem) und bevorzugen die multilaterale Legitimation von Interventionen. Es gilt, diese Staaten in multilaterale Regelungen einzubinden. Dies stärkt die internationalen Regime. Die verstärkte Interdependenz zwingt auch starke Staaten zum multilateralen Interessenausgleich. Dabei werden sie die multilateralen Prozesse und Ergebnisse natürlich stark im Sinne ihrer nationalen Interessen beeinflussen.

Die Zielstellung muss ein „effektiver Multilateralismus“ sein. Dies bezieht sich sowohl auf die demokratische Legitimierung kollektiven Handelns als auch auf die effektive Realisierung multilateraler Entscheidungen. Dies erfordert Reformen der Struktur und Prozesse in den Vereinten Nationen. Die weitere Entwicklung und Durchsetzung der internationalen Rechtsordnung ist Voraussetzung eines effektiven Multilateralismus.

Die deutsche Politik ist auf einen effektiven Multilateralismus orientiert. Dies beweist die aktive Mitarbeit in zwischenstaatlichen Organen und die Unterstützung multilateraler Programme. Die Vereinten Nationen bilden den normativen und institutionellen Rahmen für diese multilaterale Politik. Die globale Strukturpolitik muss helfen, die politische und ökonomische Globalisierung zu gestalten. Dabei sind die legitimen Interessen aller Staaten zu berücksichtigen. Eine globalisierte Wirtschaft benötigt ein globales politisches Regelwerk. Machtbalancen sind zu ergänzen durch regelgeleitetes Staatsverhalten in einer internationalen Rechtsordnung. Dies ist eine realistische Vision für ein stabiles Staatensystem.

3.2 Multilaterale politische Prozesse

3.2.1 Konzeptionelle Fragen

Multilaterale Prozesse sind durch die Interaktionen mehrerer Akteure mit unterschiedlichen Interessen gekennzeichnet. Sie dienen dem Ausgleich nationaler Interessen. Ziel ist das gemeinsame Interesse an funktionierenden internationalen Beziehungen und die demokratische Bestimmung gemeinsamer Ziele und Aktionen unter Berücksichtigung legitimer nationaler Interessen. Dies erfordert multilaterale Teilprozesse wie internationale Diskussionen zur Darstellung der nationalen Positionen, die Erarbeitung gemeinsamer Ziele und Strategien durch formale und informale zwischenstaatliche Verhandlungsprozesse, multilaterale Entscheidungen auf der Grundlage von Entscheidungsregeln sowie die Umsetzung der multilateralen Entscheidungen in der Realität staatlichen Verhaltens.
Dies schließt die Kontrolle der Entscheidungsrealisierung sowie die Sanktionierung von Normverletzungen ein. Spezielle Streitbeilegungsverfahren müssen Konflikte bei der Interpretation und Anwendung multilateraler Regeln klären (Internationaler Gerichtshof, Streitbeilegungsmechanismus der Welthandelsorganisation).

Zwischenstaatliche Verhandlungsprozesse in den Vereinten Nationen und in ihren zwischenstaatlichen Organen bilden den Kern der multilateralen politischen Prozesse. Sie umfassen multilaterale Diskussionsprozesse zur Darstellung und zum Austausch nationaler Positionen bzw. multilaterale Entscheidungsprozesse zur Annahme spezifischer Typen multilateraler Entscheidungen. Im VN-Subsystem der Sekretariatseinheiten finden spezifische Entscheidungsprozesse zur Realisierung der durch zwischenstaatliche Entscheidungen mandatierten Programme statt.

Zwischenstaatliche Verhandlungen in den Vereinten Nationen basieren auf der vorherigen Festlegung nationaler Positionen (nationale Interessen, nationale Ziele, nationale Prioritäten). Inhaltlich beziehen sich die Verhandlungsprozesse auf Strategien der Friedenserzwingung, der Friedenssicherung und -konsolidierung, der Friedensschaffung sowie der wirtschaftlichen Kooperation. Die Akteure in den zwischenstaatlichen Verhandlungsprozessen sind Staaten und Staatengruppen. Verfahrensregeln bestimmen den formalen Verhandlungsverlauf und Entscheidungsregeln die Annahme der Entscheidungen. Verfahrens- und Entscheidungsregeln sind für die zwischenstaatlichen Organe der Vereinten Nationen differenziert festgelegt (siehe Kap. 4). Dies ergibt sich auch aus der unterschiedlichen Größe der zwischenstaatlichen Organe.

Die Verfahrensregeln legen z. B. die Prozeduren für die Festlegung der Tagesordnung, die Reihenfolge der Diskussionsbeiträge, die Einbringung und Behandlung von Entscheidungsentwürfen, die Methoden der Ergänzung/Änderung von Textvorschlägen und die Entscheidungsverfahren fest. Die Entwürfe von Entscheidungsvorschlägen werden durch interessierte Staaten oder Staatengruppen eingebracht (Sponsoren). Die Entscheidungsregeln und -verfahren legen die erforderlichen Mehrheiten für die Annahme von Entscheidungen fest.

Vertreter der VN-Sekretariate unterstützen ebenso wie Experten die Staaten bei der Vorbereitung von Entscheidungsvorschlägen. Regionale oder Interessengruppen stimmen ihre Positionen für die Verhandlungen ab. Die einzelnen Phasen von Verhandlungsprozessen verlaufen zum Teil sequentiell, aber auch parallel. Oft geht eine Diskussionsphase (allgemeine Debatte) den eigentlichen Verhandlungen voraus. Die Verhandlungsprozesse beinhalten formale und informale Elemente.

Die gewählten Verhandlungsführer (Vorsitzender, Vize-Vorsitzende, Berichterstatter) lenken den Ablauf der Verhandlungsprozesse. Neben der Kenntnis der Verhandlungsmaterie und Verhandlungsgeschick (Strategie/Taktik) sind gute Kenntnisse der Verfahrensregeln zweckmäßig. Autorität, Unparteilichkeit, Vertrauen und Takt sind subjektive Voraussetzungen für erfolgreiche multilaterale Verhandlungsprozesse. Sie ermöglichen Flexibilität bei der Konsenssuche.

Multilaterale Verhandlungsmechanismen

1. *Formale strukturelle Mechanismen*

   Diese betreffen die Verhandlungsorgane und -strukturen (Plenum, Komitees, Steuerungsorgane, Verhandlungsgruppen).

2. *Formale prozedurale Mechanismen*

Diese betreffen die Festlegung der Tagesordnung, der Prioritäten und der Reihenfolge, die Festlegung der Verfahrens- und Entscheidungsregeln, die Arbeit der Steuerungsorgane und die strukturellen Verbindungen der Prozesse und Organe.

3. *Informale strukturelle Mechanismen*

   Diese umfassen die Bildung von informellen Interessengruppen sowie von Kontakt- und Verhandlungsgruppen und deren Arbeitsverfahren.

4. *Informale prozedurale Mechanismen*

   Diese erfassen die Organisation informaler Interaktionen der Akteure, die Abstimmung von Texten sowie Beratung von Varianten für Entscheidungen.

Multilaterale Verhandlungsprozesse sind komplex und erfordern neben guter Organisation die Anwendung von Strategien und Taktiken, welche genügend Flexibilität bieten, um gemeinsame Elemente unterschiedlicher nationaler Positionen zu finden. Flexibilität und Kompromissbereitschaft der Akteure sind erforderliche Elemente. Das starre Festhalten an Maximalpositionen erschwert Kompromisse. Dabei können subjektive Faktoren der Verhandlungsführung positiven Einfluss haben. Die national festgelegten Handlungsspielräume der multilateralen Akteure können aber nicht negiert werden. Dies begrenzt den Einfluss spezieller Strategien oder Taktiken bzw. auch den Einfluss effizienter Leitung der Verhandlungen durch qualifizierte Staatenvertreter auf die Entscheidungsergebnisse.

Theorien, Modelle, Aspekte

Theoretiker und Praktiker haben Versuche unternommen, multilaterale Verhandlungsprozesse systematisch zu analysieren, um Konsequenzen für die rationelle Gestaltung damit verbundener Strategien und Taktiken zu ziehen. Dabei geht es darum, die Prozesse zu analysieren, in denen konkurrierende Staatenpositionen in multilateralen Verhandlungsprozessen zu gemeinsamen Entscheidungen über kollektive Strategien geführt werden sollen. Das erfordert die strukturelle Analyse der relativen Machtverteilung, die Analyse nationaler Strategien zur Durchsetzung von Interessen in multilateralen Verhandlungen, die Analyse der Phasen der Prozesse und der angewandten Anreizsysteme bzw. Sanktionsdrohungen sowie die Wirkung subjektiver Faktoren. Die Studien untersuchen die rationale Wahl von Verhandlungszielen, die Festlegung von Maximal- und Minimalpositionen, die zeitliche Verteilung von Konzessionen sowie die Wirkungen auf die Prozessergebnisse (Kosten-Nutzen-Profile). Ergänzend werden Verhaltensanalysen durchgeführt, um den Einfluss personaler und interpersonaler Faktoren wie Kompetenz, Autorität, Verhandlungsführung und Nutzung der Verfahrensregeln zu bestimmen.

Die Strategie sogenannter staatlicher Aushandlungsprozesse[4] wird analysiert. Die gewonnenen Teilerkenntnisse bezüglich multilateraler Verhandlungsprozesse sind durchaus geeignet für die Vorbereitung von Verhandlungsstrategien.

Modelle untersuchen auch die Frage, inwieweit die Interessenkonstellation der an der Interaktion beteiligten Akteure für Verhandlungsverlauf und -ergebnisse maßgeblich ist. Neue Untersuchungen beziehen sich auf den Wirkungszusammenhang zwischen Art und Verlauf der Verhandlungen über Institutionenbildung und Form und Ausmaß der Institutionalisierung (Modell des institutionalen Aushandelns, „institutional bargaining").

Man analysiert sogenanntes distributives Bargaining, orientiert an Kosten und Nutzen der Kooperation. Integratives Bargaining zielt stärker auf das Erreichen gemeinsamer Lösungen bei Existenz unvollständiger Informationen (Ziele/Interessen anderer Akteure). Weitere Bedingungen für integratives Verhandeln sind die Wahrung der Kerninteressen aller Akteure, die Wirkung externer Schocks auf den Druck zur Einigung, klare und einfache Lösungen und strukturelle Machtpositionen von Akteuren (Führung der Prozesse).

Die konkrete Erfahrung mit multilateralen Verhandlungsprozessen zeigt auch den Einfluss extrem ideologisch bestimmter Verhandlungsstrategien. Dies begrenzt das Maß pragmatischen flexiblen Vorgehens bzw. mögliche Konzessionen. Die erreichten Entscheidungen müssen in den einzelnen Staaten bestehenden ordnungspolitischen Konzeptionen genügen. Dies bestimmte z. B. sehr stark die Verhandlungsführung der sozialistischen Staaten in den VN-Verhandlungen während des Ost-West-Konflikts. Pragmatisches Verhandeln und mögliche Vor-

---

4 Varwick/Zimmermann: Die Reform der Vereinten Nationen. Duncker & Humblot, Berlin 2006

teile wurden teilweise der Aufrechterhaltung ideologischer Konzepte untergeordnet.
Internationale Regime, speziell im Wirtschaftsbereich, erfordern die Einigung auf zugrundeliegende Ordnungsprinzipien. Gelingt dies nicht, sind multilaterale Verhandlungen nicht nur schwierig, sondern führen bestenfalls zu speziellen Entscheidungen über Ausnahmeregelungen (z. B. der Stellung von Staatshandelsländern im liberalen, marktwirtschaftlichen Welthandelsregime). Einfacher waren multilaterale Verhandlungen über die Begrenzung von Rüstungspotentialen bei grundsätzlicher Beibehaltung der Abschreckungsdoktrin. Die notwendigen Konzessionen erforderten keine systemischen Veränderungen.
Die Verhandlungen zum Konfliktmanagement der Vereinten Nationen erfordern flexible politische Lösungskonzepte für zwischenstaatliche und zum Teil innerstaatliche Konflikte. Die friedenserhaltenden VN-Operationen sind Mittel zur Durchsetzung, aber kein Ersatz für wirksame politische Lösungskonzepte. Die Negation dieses Zusammenhanges führt oft zu unklaren Mandaten und Erwartungen bzw. zu langdauernden Operationen ohne wirkliche Stabilisierung der Konfliktsituationen.
Es ist zudem nicht einfach, der Öffentlichkeit die Notwendigkeit des Einsatzes militärischer Kräfte zur Lösung von Konflikten in entfernten Regionen als Wahrnehmung multilateraler Verantwortung und nationaler Interessen darzustellen. Daraus resultieren zum Teil zögernde Reaktionen bezüglich der Bereitstellung finanzieller und personeller Ressourcen für das VN-Konfliktmanagement. Diese Zusammenhänge erklären auch vage und zum Teil nur symbolische Entscheidungen des VN-Sicherheitsrates und die Schwierigkeiten bei der Ausführung der Mandate des Sicherheitsrates.
Multilaterale Verhandlungen zu friedenskonsolidierenden VN-Operationen müssen zur klaren Analyse der Konfliktursachen und zu wirksamen Strategien zur Beseitigung dieser Ursachen führen. Dies erfordert eine Kombination sicherheitspolitischer, entwicklungspolitischer und rechtlich-institutioneller Maßnahmen langfristiger Natur, um die Ursachen gewaltsamer Konflikte an der Wurzel zu bekämpfen. Die praktische Realisierung dieser Ziele erfordert Realismus und Beharrlichkeit. Schnelle, wirksame Ergebnisse sind nicht zu erwarten.

3.2.2 Organisatorische Fragen

Die gezeigte Einteilung nach formalen und informalen bzw. prozeduralen und strukturellen Verhandlungsmechanismen zeigt die Komplexität multilateraler Verhandlungsprozesse. Dies erfordert rationale organisatorische Regelungen, um den Ablauf komplexer zwischenstaatlicher Verhandlungsprozesse zu steuern.[5] Der Ausgleich unterschiedlicher nationaler Positionen bestimmt primär den Verhandlungserfolg. Faktoren wie nationale Differenzen, Kompromissbereitschaft und politischer Wille zur Einigung auf Lösungsvarianten sind die wesentlichen Faktoren. Es kommen hinzu die subjektiven Faktoren der Verhandlungsführung und die Notwendigkeit effektiver, flexibler Verfahrensregeln und Organisationsabläufe (Strukturen und Verfahren, Verknüpfung formaler und informaler Prozessphasen).

Organisatorische Regelungen betreffen zunächst die Vorbereitung von Verhandlungsdokumenten (Berichte, Analysen, Zusammenfassung von Staatenpositionen), die Festlegung der Tagesordnung und der zeitlichen Organisation der Prozesse und logistische Strukturen und Kapazitäten. Die Arbeitsverteilung zwischen Plenartagungen, Komitees, Ausschüssen, Arbeits- und Verhandlungsgruppen muss geregelt und die Verfahrensregeln müssen festgelegt werden. Die VN-Sekretariatseinheiten übernehmen logistische Aufgaben (Fazilitäten, Übersetzungsdienste, Protokolle, Unterstützung der Verhandlungsleiter speziell bei der korrekten Anwendung der Verfahrensregeln). Die Aufteilung in öffentliche und nicht öffentliche Sitzungen (Sitzungsarten) ist vorzunehmen, und Arbeits-, Kontakt- und Verhandlungsgruppen sind zu formieren. Die gewählten Verhandlungsführer bilden das Steuerungsorgan für die Lenkung der Verhandlungsprozesse.

Die vorzubereitenden Dokumente sind organisatorischer (Tagesordnungen, Zeitpläne) bzw. inhaltlicher Natur (Resolutionsentwürfe von Staaten oder Staatengruppen, Analysen und Vorschläge der VN-Sekretariate, Änderungsvorschläge zu Textentwürfen, konsolidierte Texte, die Staatenpositionen zusammenfassen,

---

5 Sidhu: Zwischenstaatliche Verhandlungen, Entscheidungsfindung und Beschlussfassung bei den Vereinten Nationen. Auswärtiges Amt, Berlin 2004

Arbeits- und Sitzungsdokumente). Diese Dokumente spielen spezifische Rollen im Verhandlungsprozess.
Der Umfang der Dokumente hängt von der Verhandlungsmaterie und den angestrebten Verhandlungsergebnissen ab (Resolution, multilateraler Vertrag, Deklaration, Konvention). Grundsätzlichen multilateralen Entscheidungen gehen oft langwierige, komplizierte Verhandlungen auf der Ebene staatlich nominierter Experten voraus, die konkrete Lösungsvarianten (multilaterale Verträge und Konventionen) erarbeiten. Den multilateralen Staatenverhandlungen in den Vereinten Nationen obliegt dann die Klärung offener Fragen (Textteile in Klammern) und die endgültige Entscheidung.
Im Falle von Resolutionen der Generalversammlung, die zu spezifischen Konfliktsituationen Wertungen vornehmen und kollektive Handlungen vorschlagen (Regelung des Staatenverhaltens), sind Staaten- bzw. Staatengruppen die Sponsoren der eingebrachten Resolutionsentwürfe (Vorbereitung in den Hauptausschüssen der Generalversammlung).
Die Verhandlungen beinhalten die Bildung von Koalitionen von Staaten zur Unterstützung der vorgenommenen Wertungen bzw. von vorgeschlagenen kollektiven Aktionen. Dies erfordert informale und formale Verhandlungsphasen. Die Steuerungsorgane müssen die Teilprozesse in Kontakt-, Arbeits- und Verhandlungsgruppen koordinieren. Das erfordert Umsicht und inhaltliche sowie verfahrenstechnische Kompetenzen.
Die Einschaltung geeigneter Vermittler (Mediators) bzw. Förderer (Facilitators) kann konflikthafte Situationen und Prozesse im Sinne von annehmbaren Konfliktlösungen positiv beeinflussen. Dies hilft substantielle, taktische und prozedurale Differenzen zu verringern. Dies verbessert das Verhandlungsklima und schafft das notwendige Maß an Vertrauen. Der Vorsitzende bzw. seine Stellvertreter müssen diese Prozesse lenken (Bildung der Gruppen, Beauftragen von Verhandlungsführern, Leitung in formalen Konsultationen, Kontakte zum VN-Sekretariat). Dies erfordert Sachkenntnis, diplomatische Erfahrung, Verhandlungsgeschick, Autorität und Flexibilität.
Multilaterale Verhandlungsprozesse benötigen eine Kombination von sachlichen Positionen, organisatorischen Kompetenzen und persönlichen Eigenschaften, um

optimale Ergebnisse zu erzielen. Gruppendynamische Prozesse während der Verhandlungen nehmen Einfluss auf Positionen und deren Modifikation im Interesse gemeinsamer Ziele. Die Anwendung von Überzeugung und politischem Druck verlaufen parallel. Das Instrumentarium reicht von finanziellen Anreizen bis zu Sanktionsdrohungen.
Entscheidungen in VN-Verhandlungen über Programme, Budgets und Personalstärke von VN-Sekretariatseinheiten sind oft von unterschiedlichen Prioritäten einzelner Staaten geprägt. Dies führt zu Interessenkollisionen in den Verhandlungen. Druckmittel sind oft Beitragskürzungen bzw. -zurückhaltungen, verbunden mit Forderungen nach Programmänderungen, Budget- und Personalkürzungen, Managementreformen der Sekretariate etc. Die Entscheidungen der Generalversammlung zu diesen Fragen basieren auf Vorverhandlungen im 5. Hauptausschuss (Verwaltung, Personal, Finanzen) und sind rechtsverbindlich. Der Interessenausgleich ist kompliziert. Staaten mit hohen Beitragszahlungen zu den VN-Budgets erzwingen oft Kompromisse im Sinne ihrer Interessen (Nullwachstum des VN-regulären Budgets, Personalkürzungen).
Die Zusammensetzung der Steuerungsorgane multilateraler Verhandlungen (Vorsitzender, stellvertretende Vorsitzende, Berichterstatter) erfolgt durch Rotationsverfahren zwischen den VN-Regionalgruppen. Die konkreten Regelungen für einzelne zwischenstaatliche VN-Organe sind unterschiedlich (siehe Kap. 4 Foren der Entscheidungsfindung).
Die Machtausbildung von staatlichen Interessengruppen im Verhandlungsprozess folgt den konkreten inhaltlichen Interessen. Regionalgruppen koordinieren ihre Strategien der Verhandlungsführung. Dies führt zu komplexen Prozessen mit unterschiedlichen Strukturen. Die formalen Prozessphasen dienen in der Regel der Darstellung staatlicher Positionen bzw. der formalen Annahme multilateraler Entscheidungen. Der inhaltliche Interessenausgleich erfolgt in der Regel in informalen Prozessen mit vielfältigen Strukturen (Organe, Verfahren).
Die VN-Sekretariate unterstützen die inhaltlichen und organisatorischen Prozesse (Dokumente, Logistik). Die Leiter von Sekretariatseinheiten können aufgrund von Autorität und Sachverstand den Verlauf der Verhandlungen maßgeblich beeinflussen, ohne direkte Akteure zu sein. Sie beraten die Staatenvertreter, neh-

men an informalen Konsultationen teil und unterbreiten Lösungsvarianten. Der Grad der Aktivität hängt von den Sachverhalten und persönlichen Merkmalen ab (aktive bzw. passive Rolle). Das Engagement der führenden VN-Sekretariatsvertreter ist naturgemäß besonders stark, wenn es um die Programme und Budgets ihrer Organisationseinheiten geht.

Der VN-Generalsekretär hat die Möglichkeit, in seinem jährlichen Bericht an die Generalversammlung Wertungen vorzunehmen und konzeptionelle Vorschläge zu machen, die konkrete Verhandlungsprozesse initiieren bzw. beeinflussen können. Dies gilt auch hinsichtlich seines politischen Initiativrechts gegenüber dem VN-Sicherheitsrat bzw. im Rahmen der Erfüllung spezieller Aufträge des Sicherheitsrates (Vermittlung, Verhandlungen, Durchführung von friedenssichernden Operationen, Durchführung operativer Entwicklungsprogramme).

Die Vertretung der Staaten in multilateralen VN-Verhandlungen erfolgt durch beim VN-Generalsekretär akkreditierte staatliche Delegationen. Diese Staatenvertreter sind durch ihre Regierungen ermächtigt, die konkreten Verhandlungen auf der Grundlage staatlicher Direktiven zu führen (siehe Kap. 2 Akteure). Der Gegenstand der VN-Verhandlungen bestimmt Größe und Zusammensetzung der nationalen Verhandlungsdelegationen (Politiker, Parlamentarier, Diplomaten, Experten). Die in Kapitel 2 beschriebenen Staatengruppen sind ebenfalls Akteure in multilateralen Verhandlungsprozessen (Regionalgruppen, Interessengruppen, Ad-hoc-Gruppen).

Die Gruppenbildung basiert auf gleichartigen Interessen, zwischenstaatlichen Verträgen oder geographischen Merkmalen. Dementsprechend übernehmen unterschiedliche Staatengruppen differenzierte Rollen in VN-Verhandlungsprozessen. Die Entwicklung und Vertretung gemeinsamer Positionen erfordert komplizierte Koordinationsprozesse in den Gruppen vor und während der zwischenstaatlichen Verhandlungen. Es wurde bereits darauf hingewiesen, dass differenzierte sozioökonomische Entwicklungen die Homogenität der Interessen beeinflussen. Dies erschwert die Festlegung gemeinsamer Positionen. Unterschiedliche politische Systeme bzw. regionale Interessen beeinflussen die nationalen Positionen zu konkreten Konfliktsituationen und damit auch die Bestimmung

von Gruppenpositionen. Diese Entwicklungen erfordern größere Flexibilität der Strukturen multilateraler Verhandlungsprozesse.
Die VN-Verhandlungen werden neben Staaten- und Gruppenstrategien durch die Anwendung von spezifischen Verhandlungstaktiken bestimmt. Diese betreffen die bereits genannte Nutzung von Instrumenten wie Drohungen (Nichtbeteiligung, Verlassen von Verhandlungen), finanzielle Anreize und finanzielle Drohungen, Manipulation der Verfahrensregeln, die Unterbreitung unakzeptabler Maximalforderungen sowie Verweigerung von Kompromissen und Konzessionen. Die Nutzung dieser Instrumente kompliziert den Interessenausgleich in den Verhandlungsprozessen. Sie gehören zum Arsenal der Instrumente der Verhandlungsführung ebenso wie später zu erläuternde Netzwerkbildung und spezielle Einflussstrategien.
Die Komplexität multilateraler Prozesse führt oft zur Unterstützung vermeintlich einfacherer unilateraler und bilateraler Prozesse. Es wäre unrealistisch, die Nutzung dieser Elemente zu negieren. Sie spielen eine maßgebliche Rolle. Zugleich zwingt die Realität der Globalisierung und Transnationalisierung politischer und wirtschaftlicher Prozesse zur Nutzung multilateraler Instrumente. Der Anwendung dieser Instrumente müssen multilaterale Verhandlungen und Entscheidungen vorangehen. Die Komplexität der Prozesse zur Schaffung einer globalen Rechtsordnung kann nicht dazu führen, auf regel- und rechtsgeleitetes Staatsverhalten einseitig zugunsten des Verlassens auf die Wirkung von Machtallianzen zu verzichten. Die sich entwickelnde multipolare Welt erfordert multilaterale Sicherheits- und Wirtschaftsstrategien. Diese wiederum bedingen internationale Organisationen und Regime als normativen und institutionellen Rahmen. Die multilateralen Verhandlungsprozesse sind Elemente dieser Systeme.
Die Nutzung dieser Instrumente unterstützt die kollektive Entwicklung von Normen und Regeln und deren Anwendung in der Staatenpraxis. Dies führt zur besseren Geltung des Rechts in den internationalen Beziehungen und relativiert, ohne diese zu negieren, die unilaterale Anwendung staatlicher Macht bzw. der von Machtallianzen. Nüchterner Internationalismus anerkennt die Machtverteilung und Rolle militärischer Macht im internationalen System, unterstützt aber zugleich die Verrechtlichung in den internationalen Beziehungen.

4. Entscheidungsprozesse in den Vereinten Nationen

4.1 Entscheidungsprozesse, Entscheidungsstrukturen, Entscheidungsverfahren und Entscheidungsergebnisse

Die Entscheidungsprozesse im System der Vereinten Nationen führen zu multilateralen Entscheidungen. Diese Prozesse in den zwischenstaatlichen Organen verlaufen in der Form zwischenstaatlicher Verhandlungsprozesse (siehe Kap. 3). Dies betrifft unterschiedliche Problemfelder und ist unterschiedlich komplex (Materie, Akteure, Zeitdauer, Ergebnisse).
Das gemeinsame Element ist der Ausgleich differenzierter Interessen einer Vielzahl nationaler Akteure.

Entscheidungstypen

Die *Kriterien* für die Klassifizierung der Entscheidungen sind:

a) das Entscheidungsfeld (Sicherheit, Wirtschaft, Menschenrechte, Umwelt)
b) das Entscheidungsorgan (Generalversammlung, Sicherheitsrat, Wirtschafts- und Sozialrat)
c) die Entscheidungsart (Entscheidungen zur Normsetzung, Entscheidungen zur Normdurchsetzung, Kontrollentscheidungen, Sanktionsentscheidungen, Programmentscheidungen, operative Entscheidungen, Repräsentationsentscheidungen)
d) der Entscheidungszweck (regulative Entscheidungen, distributive und redistributive Entscheidungen)
e) das Entscheidungsergebnis (Resolution, Vertrag, Deklaration, Konvention, Aktionsplan)
f) der Verbindlichkeitsgrad (Empfehlungen, rechtlich verbindliche Entscheidungen)
g) der Adressat der Entscheidung (Staaten, VN-Sekretariatseinheiten)

Konkrete multilaterale Entscheidungen der zwischenstaatlichen VN-Organe kombinieren diese Elemente z. B. in folgenden Formen:

- Entscheidung der Generalversammlung zum Konfliktmanagement (Sicherheit) in Form einer Resolution mit Empfehlungen für konkretes Staatsverhalten
- Entscheidung des Sicherheitsrates zur Friedenserzwingung bzw. zur robusten Friedenserhaltung nach Kap. VII SVN in Form einer rechtsverbindlichen Resolution (Pflicht der Staaten zur Beteiligung an Sanktionsregimen und an robusten friedenserhaltenden Operationen)
- Entscheidung der Generalversammlung zu Programmen und Budgets der VN-Sekretariatseinheiten in Form einer rechtsverbindlichen Resolution

Entscheidungsprozesse, Entscheidungsstrukturen, Entscheidungsverfahren

Die Entscheidungsprozesse in den Vereinten Nationen sind *mehrstufig organisiert.* Bestimmte Entscheidungen werden z. B. in den dem Wirtschafts- und Sozialrat nachgeordneten regionalen Wirtschaftskommissionen bzw. Funktionalkommissionen getroffen. Diese werden dem Wirtschafts- und Sozialrat unterbreitet, dort behandelt und der VN-Generalversammlung zur endgültigen Entscheidungsfindung übermittelt. Die zwischenstaatlichen Organe der Sonderorganisationen nehmen Entscheidungen an und übermitteln diese dem Wirtschafts- und Sozialrat zur Behandlung. Dieser übermittelt sie zur endgültigen Entscheidung an die VN-Generalversammlung.

Die Hauptausschüsse der VN-Generalversammlung bereiten Entscheidungen vor, und die VN-Generalversammlung entscheidet über die endgültige Annahme. Andere Entscheidungen werden direkt im Plenum der VN-Generalversammlung erarbeitet und bestätigt. Dabei sind die Bestätigungsverfahren im komplexen Entscheidungssystem oft formaler Natur. Der mehrstufige Entscheidungsprozess folgt der hierarchischen Struktur des VN-Systems.

Dieser mehrstufige Prozess gilt nicht für die Entscheidungen in den internationalen Finanzorganisationen und der Welthandelsorganisation.

Die Struktur der Entscheidungsprozesse als Teil zwischenstaatlicher Verhandlungsprozesse folgt bestimmten Mustern, die variiert werden.

Die Entscheidungen sind prinzipiell gerichtet auf:

a) die Wertung von Konfliktsituationen und den Entwurf kollektiver Handlungsstrategien
b) die Gestaltung der Normen/Regeln zwischenstaatlicher Kooperation und deren Durchsetzung
c) die Festlegung internationaler Standards für regelgeleitetes staatliches Verhalten
d) die Bereitstellung multilateraler Dienstleistungen in Form friedenssichernder Operationen, finanzieller, technischer und humanitärer Hilfe (internationale öffentliche Güter)

Die Verfahrensregeln für einzelne zwischenstaatliche Organe (rules of procedure) lenken die Prozessabläufe. Sie bestimmen den Status der Akteure, die Funktion der gewählten Verhandlungsführer, die Einbringung und die Behandlung von Entscheidungsvorschlägen. Damit werden die Strukturen der Entscheidungsfindung institutionalisiert.

Die Entscheidungsvorschläge (-entwürfe) gehen auf Initiativen von Staaten- und Staatengruppen zurück. Es können auch konkurrierende Entscheidungsvorschläge eingebracht werden.

Kaufmann[6] identifiziert folgende Schritte des Verfahrens:

1. Vorbereitung der Entscheidungsentwürfe durch die Staaten
2. informale Konsultationen zum Textentwurf
3. Suchen von Staaten mit gleichen Interessen als Sponsoren der Entscheidungsentwürfe
4. offizielle Einführung/Verteilung der Entscheidungsentwürfe in den Entscheidungsorganen
5. Diskussion der Entscheidungsvorschläge, Behandlung von Vorschlägen zu Streichungen, Veränderungen und Ergänzungen der Entwürfe
6. Diskussion der Änderungsvorschläge, Entscheidung der Sponsoren über deren Akzeptanz oder Ablehnung

---

6 Kaufmann: Conference Diplomacy. Martinus Nijhoff Publishers, Dordrecht 1988

7. Bildung von Verhandlungsgruppen, Erörterung revidierter Entscheidungsentwürfe
8. Abstimmung über einzelne Teile bzw. den gesamten Entscheidungsentwurf
9. Abstimmungserklärungen

Dieser Entscheidungsverlauf stellt ein Muster der Schritte dar und wird oft variiert. Die Grundstruktur ist in multilateralen Entscheidungsprozessen enthalten. Dabei wechseln Phasen offizieller Erklärungen und Phasen informeller Konsultationen. Die informellen Konsultationen finden in differenziert zusammengesetzten Gruppen statt (Kontaktgruppen, Verhandlungsgruppen).

Die Entscheidungsmaterie wird oft aufgeteilt und in spezifischen Gruppen verhandelt, ehe sie später wieder zusammengeführt wird. Der Einfluss der Steuerungsorgane auf die Verhandlungs- und Entscheidungsprozesse wurde in Kapitel 3 dargestellt. Der Entscheidungsprozess bzw. das Entscheidungsverfahren müssen Substanz und Verfahren optimal kombinieren (prozedurale Behandlung substantieller Vorschläge).

Die Entscheidungsregeln

Sie legen die erforderliche Zahl abstimmender Staaten fest (Quorum). Die Abstimmung kann durch Handzeichen, roll-call vote, d. h. offenes Verfahren, beginnend mit einem ausgewählten Staat (Aufzeichnung der Zustimmung, Ablehnung oder Enthaltung) und durch geheimes Verfahren erfolgen.

Die formalen *Entscheidungsregeln* der zwischenstaatlichen Organe legen die erforderlichen formalen Mehrheiten zur Annahme von Entscheidungen fest. In den Vereinten Nationen gilt das egalitäre Prinzip, d. h. jeder Staat hat eine Stimme, ungeachtet der Größe und Macht des Staates.

Es wird nach einfacher und qualifizierter Mehrheit unterschieden. Wichtige Fragen in der Generalversammlung benötigen zur Annahme 2/3 der Stimmen der anwesenden und abstimmenden Staaten (qualifizierte Mehrheit bei einer Mindestbeteiligung von 50 % der Mitgliedstaaten). Andere Fragen erfordern eine einfache Mehrheit (51 % der anwesenden und abstimmenden Staaten).

Im VN-Sicherheitsrat mit 15 Mitgliedstaaten sind bei wichtigen substantiellen Fragen 9 Zustimmungen erforderlich. Es darf kein Veto eines ständigen Mitgliedes des Sicherheitsrates vorliegen (Nichtteilnahme oder Enthaltung zählen nicht als Veto). Für sonstige (Verfahrens-) Fragen gilt das Vetorecht nicht. Es kann auch ein Veto eingelegt werden bei der Einordnung eines Problems als wichtige oder als sonstige Frage. Dies führt zum sogenannten doppelten Veto, d. h. der eventuellen Verhinderung der Einordnung als sonstige Verfahrensfrage und der damit möglichen Anwendung des Vetorechtes bei wichtigen Fragen.

Die VN-Generalversammlung folgt stärker der Tendenz zur Annahme von Entscheidungen durch Konsensus. Damit werden Entscheidungen ohne Abstimmung angenommen, ohne dass eine explizite Zustimmung aller Staaten zu allen Entscheidungsteilen vorliegt. Dies kann durch Erklärungen der Staaten zu im Konsensus angenommenen Entscheidungen verdeutlicht werden. Umstritten ist die Frage, ob die Annahme von Konsensusentscheidungen die Tendenz zur Einigung auf den „kleinsten gemeinsamen Nenner" befördert.

Mehrheitsentscheidungen in der VN-Generalversammlung stellen eine gewisse Beeinträchtigung des Prinzips der Staatengleichheit dar, da damit Entscheidungen gegen Minderheiten von Staaten möglich sind. Damit können zumindest hinsichtlich der moralischen Bindungskraft von Entscheidungen der Generalversammlung Mehrheiten kleiner Staaten Entscheidungen durchsetzen. Dies beeinträchtigt die Durchsetzbarkeit von Entscheidungen.

Die Wichtung der Stimmen in der Generalversammlung nach bestimmten Kriterien (Bevölkerungszahl, Wirtschaftskraft, VN-Beitragsleistungen) würde als Änderung der VN-Satzung einer Zustimmung von 2/3 der Mitgliedstaaten bedürfen. Dies ist nicht realistisch durchsetzbar.

Ein weiteres Problem bezüglich der VN-Abstimmungsregeln in der Generalversammlung ist die Einordnung als wichtige Frage, die eine qualifizierte Mehrheit verlangt. Dies kann durch eine Entscheidung mit einfacher Mehrheit erfolgen. In der Anwendung des Begriffs „anwesende und abstimmende Staaten" (present and voting) werden abwesende Staaten und Stimmenthaltungen nicht gewertet.

In VN-Sonderorganisationen (IMF, WTO) gelten z. T. andere Regeln[7] und Verfahren (siehe folgende Beispiele der IMF- und WTO-Entscheidungsstrukturen).

7 Fröhlich: Wege multilateraler Diplomatie. Nomos Verlag, Baden-Baden 2005

Internationaler Währungsfond (IMF)

Der komplexe Willensbildungs- und Entscheidungsprozess wird durch spezifische rechtliche Regeln gestaltet. Die lenkenden Gremien im IMF sind der Gouverneursrat und das Exekutivdirektorium.

Im Gouverneursrat ist jeder Mitgliedstaat durch zwei Vertreter repräsentiert (Finanzminister, Notenbankchef).

Das Exekutivdirektorium besteht aus fünf ernannten Direktoren (Mitgliedstaaten mit höchsten Kapitalanteilen USA, Großbritannien, Deutschland, Frankreich, Japan) und 19 gewählten Direktoren (aufgeteilt auf regionale Gruppierungen). Den Vorsitz im IMF-Exekutivdirektorium hat der geschäftsführende Direktor. Die Stimmen im Exekutivdirektorium sind nach Kapitalanteilen gewichtet. Es gilt das Konsensusprinzip.

Der geschäftsführende Direktor bereitet die Entscheidungsvorschläge so vor, dass Konsensusentscheidungen möglich sind. Dies bedeutet eine starke Rolle und Eigenständigkeit für den leitenden Vertreter der Sekretariate. Diese ist ungleich stärker als die des VN-Generalsekretärs gegenüber den Mitgliedstaaten.

Welthandelsorganisation (WTO)

In der WTO gilt das Konsensusprinzip bei den Entscheidungsprozessen (kein expliziter Widerspruch, d. h. fehlende ausdrückliche Ablehnung). Es gibt komplexe Regelungen für die Abstimmungsmodalitäten bei grundsätzlichen Änderungen der Verfassungsprinzipien (z. B. der Meistbegünstigungsklausel). Diese erfordern die Zustimmung aller Vertragsstaaten.

Im Willensbildungs- und Entscheidungsprozess der WTO bestehen Mängel (Intransparenz, Ausschluss von Staaten aus begrenzten informellen Konsultationen, disproportionaler Einfluss starker Staaten). Reformen werden gefordert bezüglich der Transparenz der Entscheidungsprozesse, der Mitwirkungsmöglichkeiten, der Rolle parlamentarischer Vertreter und der Rolle der WTO-Sekretariate. Das Mehrebenensystem der Entscheidungsfindung bildet ein komplexes Netzwerk. Dies erschwert die reale Mitwirkung kleiner Staaten mit begrenzten Verhandlungskapazitäten. Eine effektive Regelung der Streitbeilegung von Handelskonflikten ist ein innovatives Element der WTO-Struktur.

Entscheidungsergebnisse

Multilaterale Entscheidungsprozesse führen zu differenzierten Formen von Entscheidungsergebnissen. Dabei kann unterschieden werden zwischen:

a) Resolutionen (formale Willenserklärungen, Empfehlungen oder rechtlich verbindliche Entscheidungen)
b) völkerrechtliche Verträge (Festlegung von Prinzipien, Normen, Regeln, Formulierung von Rechten und Pflichten von Staaten, Übernahme in nationales Recht durch Ratifizierung)
c) Konventionen (völkerrechtlich verbindliche Entscheidungen)
d) Deklarationen (Formulierung von Grundsätzen und Leitprinzipien)
e) Aktionspläne (Vereinbarung von Maßnahmen auf nationaler, regionaler und globaler Ebene)
f) Beschlüsse (Routineentscheidungen zu organisatorischen Fragen)

Die Entscheidungsergebnisse können nach Entscheidungsobjekt, Entscheidungsumfang und Entscheidungswirkung differenziert gestaltet werden. Die rechtliche Wirkung ist unterschiedlich, ebenso sind dies die Subjekte der Entscheidungsrealisierung.

Die Effektivität multilateraler Entscheidungsprozesse wird beeinflusst durch die Prozesse der Entscheidungsfindung, die Prozessergebnisse und die Realisierung der Entscheidungen (siehe Kap. 5). Nur in dieser ganzheitlichen Betrachtung ist die Wirksamkeit zu bewerten.

4.2 Entscheidungsorgane, Entscheidungsforen

Die multilateralen Entscheidungsprozesse finden in den zwischenstaatlichen Hauptorganen der Vereinten Nationen statt. Prozesse in den nachgeordneten Organen dienen der Entscheidungsvorbereitung. Der Form nach sind dies zwischenstaatliche Verhandlungsprozesse mit speziellen Strukturen und Verfahren.

Zwischen den VN-Hauptorganen gibt es eine inhaltliche Arbeitsteilung. Die zentrale Stellung der Generalversammlung als universelles Organ bedingt eine Bestätigung z. B. von Entscheidungen des Wirtschafts- und Sozialrates durch die Generalversammlung nach vorheriger Behandlung durch entsprechende Hauptausschüsse der Generalversammlung (wirtschaftliche und soziale Fragen). Der VN-Sicherheitsrat als Exekutivorgan der multilateralen Sicherheitspolitik hat eine Sonderstellung. Die Generalversammlung kann im Falle der Befassung des Sicherheitsrates mit konkreten Situationen nicht tätig werden. Der VN-Sicherheitsrat berichtet in zusammenfassender Form (Bericht des VN-Sicherheitsrates) an die VN-Generalversammlung.

Die VN-Generalversammlung trifft nach Vorbereitung durch den 5. Hauptausschuss (Administration, Finanzen) alle Entscheidungen zu VN-Programmen, Budgets und Personal. Der gesamte multilaterale Entscheidungsmechanismus ist mehrstufig, komplex und kompliziert. Die Dezentralisierung und Fragmentierung spiegelt sich in der komplexen Struktur zwischenstaatlicher Organe und von hierarchisch strukturierten VN-Sekretariatseinheiten.

Generalversammlung, Sicherheitsrat und Wirtschafts- und Sozialrat haben eine Vielzahl nachgeordneter Programme und Fonds mit zum Teil eigenen Entscheidungsprozessen, Entscheidungsverfahren, Entscheidungsregeln und -ergebnissen. Dem Wirtschafts- und Sozialrat obliegt zusätzlich die Koordination mit den relativ autonomen Sonderorganisationen mit ihren eigenständigen Entscheidungsprozessen und zwischenstaatlichen Entscheidungsorganen. Eine kurze Übersicht zeigt die Komplexität der Strukturen:

A. Hauptorgan: VN-Generalversammlung

Nachgeordnete Organe

- VN-Umweltprogramm
- VN-Kinderhilfswerk
- VN-Entwicklungsprogramm
- VN-Bevölkerungsfond
- VN-Welternährungsprogramm
- VN-Drogenkontrollprogramm
- VN-Menschenrechtsrat
- VN-Konferenz für Handel und Entwicklung
- VN-Flüchtlingsprogramm
- VN-Universität
- VN-Institute für Abrüstung, soziale Entwicklung, Verbrechensbekämpfung, Training und Ausbildung

B. VN-Wirtschafts- und Sozialrat

a) Nachgeordnete Organe

- Funktionalkommission für Verbrechens- und Drogenkontrolle
- Funktionalkommission für nachhaltige Entwicklung
- Funktionalkommission für Wissenschaft und Technik
- Funktionalkommission zum Status der Frauen
- Funktionalkommission für Bevölkerungspolitik
- Funktionalkommission für Statistik
- Funktionalkommission für soziale Entwicklung
- Regionale Wirtschaftskommission für Europa
- Regionale Wirtschaftskommission für Afrika
- Regionale Wirtschaftskommission für Lateinamerika/Karibik
- Regionale Wirtschaftskommission für Westasien
- Regionale Wirtschaftskommission für Asien/Pazifik

b) Zu koordinierende VN-Sonderorganisationen

- Internationale Arbeitsorganisation
- VN-Organisation für Wissenschaft und Kultur
- VN-Landwirtschafts- und Ernährungsorganisation
- Internationaler Währungsfond
- Weltbankgruppe
- Internationale Organisation für geistiges Eigentum
- Internationale Organisation für industrielle Entwicklung
- Internationale Zivilluftfahrtorganisation
- Internationale Telekommunikationsunion
- Weltpostverein
- Weltmeteorologieorganisation
- Weltgesundheitsorganisation
- Welttourismusorganisation
- Internationale Schifffahrtsorganisation
- Internationaler Fond für landwirtschaftliche Entwicklung

c) Heterogene Organisationen

- Welthandelsorganisation
- Internationale Atomenergiebehörde
- Organisation für das Verbot chemischer Waffen
- Vorbereitungskomitee für den nuklearen Teststop

C) VN-SICHERHEITSRAT

Nachgeordnete Organe

- Kommission für Friedenskonsolidierung
- Sanktionsausschüsse
- Ausschüsse für friedenserhaltende Operationen
- ad hoc Internationale Strafgerichte
- Verfahrensausschuss

Dazu kommt eine komplexe, hierarchisch gegliederte Struktur von VN-Sekretariatseinheiten und Sekretariatseinheiten der VN-Sonderorganisationen mit zwischenstaatlichen und sekretariatsbezogenen Koordinationsmechanismen.
Die Arbeitsteilung in den Entscheidungsprozessen und ihre Koordination erfolgt zunächst zwischen VN-Hauptorganen und nachgeordneten Organen. Hinzu kommt der arbeitsteilige Entscheidungsprozess zwischen den VN-Hauptorganen bzw. den VN-Sonderorganisationen. Dies betrifft die Ebene der zwischenstaatlichen Entscheidung und Koordination. Parallel dazu erfolgt die Koordination der Managementprozesse der einzelnen VN-Programme und Einheiten (Managementgruppen, Exekutivkomitees, Hauptexekutivrat im VN-System unter Leitung des VN-Generalsekretärs).
Ein weiteres wichtiges Element für das Funktionieren des VN-Systems ist die effektive Gestaltung der Kooperation zwischen VN-zwischenstaatlichen Organen und VN-Sekretariatsorganen. Diese verschiedenen Ebenen und Prozesse müssen gestaltet werden im Sinne eines „effektiven Multilateralismus".
Eine Straffung der zwischenstaatlichen Strukturen und Prozesse (VN 1) ist ebenso dringlich wie die Reform des VN-Managements (VN 2). Die erstere Aufgabe erweist sich als extrem schwierig, denn es geht immer auch um staatliche Macht und Einfluss auf die multilateralen Prozesse.

A) VN-Generalversammlung

Entwicklung

Die VN-Generalversammlung ist das Hauptorgan der Vereinten Nationen für multilaterale Diskussionen und Verhandlungen. Die Entscheidungsverfahren basieren auf parlamentarischen Regeln/Prozeduren. Die Entscheidungsregeln sind Konsens bzw. einfache und qualifizierte Mehrheiten.
Die Tagesordnung der Generalversammlung umfasst verschiedene Politikfelder. Die Behandlung von Fragen der internationalen Sicherheit liegt beim VN-Sicherheitsrat. Die VN-Generalversammlung handelt nur komplementär. Die VN-Generalversammlung erörtert und bestätigt die Berichte anderer VN-Hauptorgane. Die sechs Hauptausschüsse der Generalversammlung übernehmen, ent-

sprechend der festgelegten Arbeitsteilung, einen Teil der Entscheidungsvorbereitung. Die Entscheidungsergebnisse der VN-Generalversammlung beeinflussen das Staatenverhalten bzw. legen die Programme für die Arbeit der VN-Sekretariatseinheiten fest. Die Entscheidungsergebnisse unterscheiden sich nach den Entscheidungsobjekten und dem Grad rechtlicher Verbindlichkeit. Die Generalversammlung bewertet Konfliktsituationen und legt kollektive Verantwortlichkeiten fest.

Die Legitimation kollektiver Handlungen begründet die Verantwortlichkeit der Staaten.

Die Mitwirkung der Staaten an kollektiven Zwangsmaßnahmen der Vereinten Nationen nach Kap. VII SVN ist rechtlich verbindlich. Entscheidungen zu entwicklungspolitischen, friedenssichernden und friedenskonsolidierenden VN-Operationen stellen Empfehlungen dar und lassen den Staaten größere Entscheidungsfreiheiten bezüglich des Grades ihrer Beteiligung. Entscheidungen der Generalversammlung über multilaterale Verträge (nationale Ratifizierung) kodifizieren Völkerrecht. Die ständige Anwendung von Leitprinzipien von VN-Resolutionen in der Staatenpraxis trägt zur Entwicklung des Völkergewohnheitsrechts bei. Primär ist die VN-Generalversammlung aber ein globales deliberatives Organ der internationalen Politik.

Funktionen, Aufgaben, Strukturen

Die multilateralen Funktionen der VN-Generalversammlung können wie folgt eingeteilt werden. Sie entsprechen der Stellung der VN-Generalversammlung im VN-System:

1. Diskussion von Fragen der internationalen Politik
2. Festlegung der Funktionen für andere VN-Organe
3. Wahl der Mitglieder für VN-Organe mit begrenzter Zusammensetzung
4. Wahl des VN-Generalsekretärs (auf Vorschlag des VN-Sicherheitsrates) und der Richter des Internationalen Gerichtshofes (IGH)
5. Bestätigung der Entscheidungen anderer VN-Organe
6. Festlegung internationaler Standards/Normen für zwischenstaatliches bzw. innerstaatliches Verhalten

7. Festlegung von Prinzipien, Normen, Regeln und Entscheidungsverfahren für die Verrechtlichung der internationalen Beziehungen in einzelnen Politikfeldern (Gestaltung und Management von internationalen Regimes)
8. Formulierung von Leitlinien, Aktionsplänen sowie Strategien zur Lösung globaler Probleme
9. Bestätigung von VN-Programmen und Budgets
10. Festlegung der Pflichtbeiträge von Staaten zum regulären VN-Budget und zum VN-Budget für friedenserhaltende Operationen
11. Bestätigung der finanziellen und materiellen Ressourcen für VN-Friedensoperationen

Die institutionelle Struktur der Generalversammlung umfasst die Plenartagung, die sechs Hauptausschüsse, prozedurale Ausschüsse und nachgeordnete Organe (Programme, Fonds).

Diese nachgeordneten Organe verfügen zum Teil über eigene zwischenstaatliche Organe. Die nachgeordneten Organe unterbreiten zum Teil über den Wirtschafts- und Sozialrat ihre Entscheidungsvorschläge der VN-Generalversammlung zur endgültigen Annahme.

Die Zuordnung nachgeordneter Organe zu Hauptorganen und die mehrstufigen Prozesse der Entscheidungsfindung sind oft Ergebnis politischer Kompromisse und entsprechen nicht immer logischen Management- und Organisationsprinzipien. Die Menschenrechtskommission war bis 2006 z. B. dem VN-Wirtschafts- und Sozialrat nachgeordnet.

Der neu gebildete VN-Menschenrechtsrat ist demgegenüber der VN-Generalversammlung nachgeordnet. Die neu gebildete VN-Kommission zur Friedenskonsolidierung ist dem Sicherheitsrat zugeordnet bei Mitwirkung des VN-Wirtschafts- und Sozialrates. Die 192 VN-Mitgliedstaaten kooperieren im universalen VN-Organ auf gleichberechtigter Grundlage (egalitäres Prinzip der Staatengleichheit).

Die Sitzungsarten der VN-Generalversammlung sind die reguläre Sitzung, wiederaufgenommene Sitzungen und Sondersitzungen zu speziellen Fragen auf Forderung von Staatengruppen.

Expertengruppen unterstützen die Entscheidungsfindung. Diese können durch den Generalsekretär zur Ausarbeitung konzeptioneller Vorstellungen einberufen werden. Beispiele sind Berichte zur Analyse neuer Bedrohungen und zum Entwurf von VN-Sicherheitsstrategien und zur Mitwirkung der Zivilgesellschaft an der Arbeit der Vereinten Nationen.[8]

Entscheidungsverfahren, Entscheidungsregeln

Die Entscheidungsverfahren der zwischenstaatlichen Verhandlungsprozesse in den Vereinten Nationen umfassen die Gestaltung der Verhandlungsprozesse, ihre Organisation und Steuerung, die Verfahrensregeln, Abstimmungsverfahren und Entscheidungsregeln.

Die reguläre Sitzung der VN-Generalversammlung hat zunächst die Aufgaben der Wahl der Steuerungsorgane (Präsident, Vizepräsidenten, Leiter der Hauptausschüsse, Berichterstatter), der Festlegung der Tagesordnung und der Arbeitsteilung zwischen Plenum und Hauptausschüssen. Die Hauptausschüsse bestimmen ihre eigenen Steuerungsorgane.

Die Hauptausschüsse bilden erforderliche Arbeits- und Kontaktgruppen. Die Arbeit des Plenums beginnt mit der Generaldebatte.

Diese bietet das Forum für die Darlegung grundsätzlicher Staatenpositionen durch die nationalen Delegationsleiter (Staats- und Ministerpräsidenten, Außenminister). Der VN-Generalsekretär unterbreitet seinen Jahresbericht. Dieser enthält Angaben zur Tätigkeit der Vereinten Nationen und initiiert Diskussionen zu konzeptionellen Prioritäten. VN-Generalsekretär Kofi Annan initiierte z. B. Diskussionen über die Relativierung staatlicher Souveränität, die internationale Schutzverantwortung der Vereinten Nationen bei nationalem Versagen bei der Bekämpfung massenhafter Menschenrechtsverletzungen in innerstaatlichen Konflikten und zu notwendigen VN-Reformen. Dies bildete den Ausgangspunkt für zum Teil kontroverse zwischenstaatliche Diskussionen als Vorstufe von Entscheidungen zu kollektiven Aktionen.

---

8 Bericht der Hochrangigen Gruppe für Bedrohungen. Herausforderungen und Wandel „Eine sichere Welt – unsere gemeinsame Verantwortung“. DGVN Berlin, Blaue Reihe Nr. 89, 2004

Die Entscheidungsvorbereitung erfolgt nach der Zuordnung der Verantwortlichkeiten in den Hauptausschüssen. Besonders wichtige Fragen werden direkt im Plenum der Generalversammlung behandelt.
Die konkrete Tagesordnung der VN-Generalversammlung wird durch die VN-Mitgliedstaaten bestimmt.
Die Fragen der multilateralen Sicherheitspolitik und des Konfliktmanagements liegen in der Verantwortung des VN-Sicherheitsrates. Die Generalversammlung kann komplementär tätig werden. Die Probleme ergeben sich aus notwendigen Entscheidungen zur Lösung globaler Probleme durch Staatenkooperation und Politikkoordination. Der Schwerpunkt liegt auf zwischenstaatlichen Problemen. Fragen, die zur innerstaatlichen Kompetenz gehören, sind entsprechend dem Interventionsverbot nicht Gegenstand von VN-Prozessen. Die konkrete Gestaltung der politischen und sozioökonomischen Systeme innerhalb von Staaten ist kein Grund für VN-Interventionen. Die VN-Interventionen betreffen nur Staatsverhalten bei Normverletzungen in zwischenstaatlichen Interaktionen (Verletzung des Gewaltverbotes), bei der Missachtung der Rechte von Individuen durch Staaten (Menschenrechte) bzw. die Gestaltung zwischenstaatlicher Kooperation.
Unterschiedliche nationale Positionen führen zu kontroversen Diskussionen und erfordern komplizierte Verhandlungen zur Festlegung gemeinsamer Wertungen und kollektiver Strategien. Dies verursacht zum Teil rein formale, vage Entscheidungen. Gründe sind schwierig zu harmonisierende Staatenpositionen, aber auch Mängel in der Steuerung und Organisation der Prozesse. Hauptfaktor ist der politische Wille der Staaten zu multilateralen Regelungen.
Ein wichtiges Element ist auch die rationale Folge von formalen und informalen Prozessphasen und eine effiziente Nutzung verschiedener Formen informeller Konsultationen. Diese bestimmen oft mögliche Kompromisslösungen durch innovative Verknüpfung einzelner Interessen (logrolling, package deals). Die Bildung und Arbeitsweise spezieller Kontakt- und Verhandlungsgruppen ist ein bestimmender Faktor für den Erfolg multilateraler Verhandlungen. Die Entscheidungsprozesse in der VN-Generalversammlung erfordern die Regelung der Beziehungen zu anderen VN-Hauptorganen.

Die Beziehungen zwischen Generalversammlung und Sicherheitsrat werden bestimmt durch die exekutive Zuständigkeit des VN-Sicherheitsrates für alle Fragen der multilateralen Sicherheitspolitik.

Versuche, eine subsidiäre Zuständigkeit der VN-Generalversammlung bei Nichthandeln des Sicherheitsrates (fehlende Stimmen für Annahme von Entscheidungen bzw. Veto eines ständigen Mitglieds des Sicherheitsrates) zu schaffen, sind nicht realistisch. Die Dominanz von entwickelten Staaten im VN-Sicherheitsrat ist bei der gegenwärtigen Zusammensetzung ein Fakt. Reformen der Zusammensetzung bzw. modifizierte Anwendungen des Vetorechts (Begrenzung auf Maßnahmen nach Kap. VII SVN, Begründung des Vetos) können die Repräsentativität und Legitimität der Entscheidungen erhöhen. Eine generelle Übertragung der Entscheidungskompetenz für Fragen der multilateralen Sicherheitspolitik auf die Generalversammlung würde kollektive Friedensoperationen der Kontrolle der Kernstaaten entziehen. Dies hätte negative Folgen für deren Beteiligung am kollektiven Sicherheitssystem und ergänzenden VN-Sicherheitsoperationen.

Die Beziehungen zwischen VN-Generalversammlung und VN-Wirtschafts- und Sozialrat sind durch das dezentrale Entscheidungssystem in Weltwirtschaftsfragen geprägt. Die entscheidende Rolle auf diesem Gebiet spielen neben der Gruppe der acht wichtigsten Industriestaaten die internationalen Finanzorganisationen und die Welthandelsorganisation (Handels-, Finanz- und Währungsbeziehungen).

Die zwischenstaatlichen Entscheidungsorgane dieser Organisationen sind relativ autonom. Die Entscheidungen werden von den wichtigen Industriestaaten kontrolliert. Die Koordination dieser Entscheidungsprozesse durch den VN-Wirtschafts- und Sozialrat ist rein formaler, symbolischer Natur. Die Rolle der VN-Hauptorgane in diesen Entscheidungsprozessen ist marginal. Sie besitzen keine realen Entscheidungskompetenzen. Eine realistischere Alternative ist die stärkere Rolle von VN-Generalversammlung und VN-Wirtschafts- und Sozialrat bei der Steuerung der konzeptionellen und operativen Entwicklungspolitik (Politik, Finanzierung, technische Hilfe). Die stärkere Mitwirkung der Entwicklungsländer an der internationalen Handels-, Finanz- und Währungspolitik erfordert Ver-

änderungen in den Entscheidungsmechanismen der Finanzorganisationen und der Welthandelsorganisation.
Die *Entscheidungsregeln* (Art. 18 SVN) basieren auf der Staatengleichheit, d. h. dem Prinzip, dass jeder Staat über eine Stimme verfügt. Die Entscheidungsregeln legen die Modalitäten des Abstimmungsverfahrens fest (Abstimmung durch Handzeichen, offene und aufgezeichnete Abstimmung, sog. roll-call vote, und geheime Abstimmung), bestimmen die für die Gültigkeit von Abstimmungen erforderliche Stimmenzahl und die für die Annahme von Entscheidungen nötigen Mehrheiten. Die Verhaltensregeln lenken den Ablauf der Entscheidungsprozesse (Organisation zwischenstaatlicher Verhandlungsprozesse).

Mehrheitsregeln

Die Gültigkeit von Entscheidungen erfordert die Anwesenheit einer einfachen Mehrheit von VN-Mitgliedstaaten. Die verfügbaren Verhaltensalternativen für Akteure sind Zustimmung, Ablehnung, Enthaltung und Nichtteilnahme. Stimmenthaltung und Abwesenheit gelten als Nichtteilnahme. Entscheidungen über wichtige (substantielle) Fragen erfordern zur Annahme eine qualifizierte Mehrheit (2/3 der anwesenden und abstimmenden Staaten).
Entscheidungen über sonstige Fragen erfordern zur Annahme die einfache Mehrheit der anwesenden und abstimmenden Staaten. Die Einordnung als wichtige oder sonstige Frage erfolgt durch einfache Mehrheit.

Konsensusregel

Diese Form der Entscheidung wird in der VN-Generalversammlung häufig angewandt. Konsensus wird als Form einer einheitlichen Abstimmung gewertet, d. h. es gibt keine negativen Stimmen oder Enthaltungen. Die Entscheidungen werden im Konsensus auch angenommen, wenn die Zahl positiver Stimmen geringer ist als die Zahl der VN-Mitgliedstaaten. Konsensus gilt als allgemeine Übereinstimmung ohne Abstimmung. Eine explizite Zustimmung aller Staaten ist nicht erforderlich. Konsensusentscheidungen ermöglichen nachträgliche Staatenerklärungen zu abweichenden Auffassungen, ohne die generelle Zustimmung in Frage zu stellen. Die gleichzeitige Verfügbarkeit von Mehrheits- und Konsen-

susregeln ermöglicht Abstufungen im Grad der Zustimmung zu bzw. Ablehnung von Entscheidungen.
Die Form der Entscheidungen in der VN-Generalversammlung sind in der Regel Resolutionen mit Empfehlungscharakter, multilaterale Verträge, Konventionen, Deklarationen, Aktionsprogramme und organisatorische Routineentscheidungen. Die Adressaten sind VN-Mitgliedstaaten bzw. VN-Sekretariatseinheiten.

Trends

Die Mehrheiten in der VN-Generalversammlung werden durch das Abstimmungsprinzip und die numerischen Relationen bestimmt. Die formalen Mehrheiten reflektieren oft nicht die reale Machtverteilung im Staatensystem. Sie zeigen aber in der Regel die Haltung der Staatenmehrheit zu konkreten Konfliktsituationen bzw. kollektiven Lösungsalternativen an.
Der Ausgleich differenzierter Interessen erfordert oft Einigungen auf der Ebene des „kleinsten gemeinsamen Nenners“. Dies bedeutet oft formale und vage Entscheidungsinhalte.
Die Mehrheitsbildung hängt von dem Entscheidungssachverhalt ab und widerspiegelt oft spezielle Koalitionsbildungen durch Staatengruppen (Interessengruppen).
Diese komplizierten Sachverhalte können nicht mit Wertungen wie „die VN sind ein ineffektives Diskussionsforum“ beurteilt werden. Solche Wertungen verkennen die Abhängigkeit der Prozesse vom politischen Willen der Staaten zur multilateralen Einigung. Mängel in der Steuerung und Organisation der Verhandlungsprozesse verstärken die negativen Wirkungen fehlenden politischen Willens und mangelnder Kompromissbereitschaft von Staaten.
Reformen in der Generalversammlung beschränken sich bisher auf eine rationellere Organisation der Prozessabläufe, die verstärkte Nutzung informeller Konsultation, die Straffung der Tagesordnungen, die Verringerung der Zahl der Resolutionen, die inhaltliche Verbesserung der Resolutionen und die verbesserte Kontrolle der Realisierung getroffener Entscheidungen.
Die Verbesserung der Arbeit der VN-Generalversammlung kann nicht durch extremen Druck hegemonialer Staaten für die einseitige Durchsetzung spezifi-

scher nationaler Interessen erreicht werden. Es ist kontraproduktiv, den Fehlschlag solcher Bestrebungen mit der „Irrelevanz der Vereinten Nationen“ gleichzusetzen.

Die Vereinten Nationen haben als Mitglieder souveräne Nationalstaaten, auch wenn eine Relativierung dieser Souveränität angemessen ist. Die Natur der politischen und sozioökonomischen Systeme von Staaten ist nicht Gegenstand von VN-Interventionen. VN-Interventionen können nur bei Verletzung gemeinsam anerkannter Werte und Normen wirksam werden. Dies bedeutet auch Verzicht auf die Forderung nach Übernahme bestimmter politischer Modelle als Voraussetzung für die Sitzverteilung in VN-Organen. Allgemeine Forderungen nach neuen internationalen Institutionen mit Begrenzung auf demokratisch verfasste Staaten sind deshalb nicht realistisch.[9]

Die Steuerung globaler und transnationaler Netzwerke globalen Regierens erfordert Anpassung der Entscheidungsstrukturen und -prozesse in den VN-Hauptorganen.

B) VN-Sicherheitsrat

Entwicklung

Der VN-Sicherheitsrat ist verantwortlich für die Entscheidungen zur multilateralen Sicherheitspolitik.

Diese umfasst die Komplexe Konfliktprävention, multilaterale Rüstungskontrolle, friedlich Streitbeilegung, Friedenserzwingung durch politisch-ökonomische und militärische Zwangsmaßnahmen, Friedenssicherung und Friedenskonsolidierung nach Konflikten. Der VN-Sicherheitsrat verfügt als Exekutivorgan über relative Unabhängigkeit von der Generalversammlung.

Die Zusammensetzung des Sicherheitsrates und das Entscheidungsverfahren (Vetorecht der ständigen Mitglieder) reflektieren die Machtverteilung nach Ende des Zweiten Weltkrieges. Sie sichert den atomaren Kernmächten die Kontrolle der Entscheidungen zum kollektiven Sicherheitssystem.

---

9 Fukuyama: Staatenbauen. Propyläen Verlag, Berlin 2004

Veränderungen in der internationalen Machtverteilung erfordern Reformen in der Größe, Zusammensetzung, den Entscheidungsverfahren und der Arbeitsweise des Sicherheitsrates, um die Repräsentativität und die Legitimität der Entscheidungen zu stärken.
Die Einbindung der Kernmächte bleibt dabei entscheidend für das Funktionieren multilateraler Sicherheitspolitik.
Die Instrumente kollektiver Strategien müssen den veränderten Bedrohungsszenarien entsprechen.
Neue Sicherheitsbedrohungen schließen den internationalen Terrorismus, die Verbreitung von Massenvernichtungswaffen, die ökonomische Unterentwicklung, ökologische Entwicklungen und die Verbreitung von Epidemien ein. Der VN-Sicherheitsrat muss verstärkt nicht nur zwischenstaatliche, sondern zunehmend innerstaatliche Konflikte lösen helfen. Das erfordert neue Konzepte und Instrumentarien, um wirksame kollektive Strategien zu entwickeln und zu realisieren. Dies bedingt den politischen Willen zur Konfliktlösung, wirksame Strategien, Verfügbarkeit erforderlicher Ressourcen und die rationale Organisation der Festlegung und Umsetzung multilateraler Entscheidungen. Die im kollektiven VN-Sicherheitssystem vorgesehenen friedenserzwingenden Zwangsmaßnahmen im Falle von Friedensbedrohungen werden nur selektiv angewandt. Sie erfordern schwierige Entscheidungsprozesse über den Grad der Bedrohung und erforderliche Sanktionsregime.
Intelligente, auf die Führung der normverletzenden Staaten gerichtete, politisch-ökonomische Sanktionsregime werden überwiegen. Kollektive militärische VN-Zwangsmaßnahmen erfordern die Delegation der militärischen Operationen auf Staatengruppen bei Legitimierung der Operationen durch den VN-Sicherheitsrat (Mandate).
Die Priorität multilateraler Entscheidungen auf dem Gebiet der Sicherheitspolitik wird auf der Konfliktprävention, friedenserhaltenden und friedenskonsolidierenden Operationen liegen.

Aufgaben, Funktionen, Strukturen

Die Funktionen und Aufgaben ergeben sich aus den Konzepten des „positiven Friedens“ und dem erweiterten Sicherheitskonzept der Vereinten Nationen. Dabei wird sich der VN-Sicherheitsrat in Arbeitsteilung mit anderen VN-Hauptorganen zunächst auf die Sicherung des „negativen Friedens“ (Verhinderung der Androhung und Anwendung physischer Gewalt zur Konfliktlösung) und auf die sicherheitsrelevanten Elemente im Konzept der erweiterten Sicherheit (Terrorismus, Massenvernichtungswaffen) konzentrieren.

Dies schließt aber die Beachtung der Zusammenhänge zwischen sicherheitspolitischen und entwicklungspolitischen Faktoren ein. Dies betrifft die Kombination militärischer, polizeilicher und ziviler Elemente speziell bei Operationen der Friedenssicherung und Friedenskonsolidierung.

Eine Einteilung der Aufgaben des VN-Sicherheitsrates in funktionelle Gruppen schließt entsprechende Entscheidungsprozesse ein. Die Aufgaben betreffen:

1. Aufgaben zur Konfliktprävention, speziell der Verhinderung gewaltsamer Austragung zwischenstaatlicher Konflikte
2. Aufgaben zur friedlichen Streitbeilegung bzw. zivilen Konfliktbearbeitung (Anwendung der Instrumente des Kap. VI SVN)
3. Aufgaben zur Erzwingung des Friedens in zwischenstaatlichen und zum Teil (humanitäre Interventionen) innerstaatlichen Konflikten durch die Anwendung politisch-ökonomischer und militärischer Zwangsmaßnahmen (Anwendung der Instrumente des Kap. VII SVN)
4. Aufgaben zur Gestaltung der multilateralen Rüstungskontrolle
5. Aufgaben zur Friedenssicherung und der Unterstützung bei der Durchsetzung politischer Lösungskonzepte für Konflikte
6. Aufgaben der Friedenskonsolidierung in Nachkonfliktsituationen und Verhinderung des erneuten Ausbruchs von Gewalt durch Bekämpfung der strukturellen Konfliktursachen

Die Entscheidungen des VN-Sicherheitsrates zu diesen Aufgabenkomplexen basieren auf der Anwendung völkerrechtlicher Normen wie Gewaltverbot, Interventionsverbot, Recht zur Selbstverteidigung und Pflicht zur friedlichen Streitbeilegung auf spezifische Konfliktsituationen. Dies erfordert komplizierte Prozesse zur Bewertung von Situationen bzw. zur Festlegung der Elemente kollektiver Handlungsstrategien sowie deren praktische Realisierung.

Die *Struktur* des VN-Sicherheitsrates umfasst zunächst die 15 Mitgliedstaaten (fünf ständige Mitglieder USA, Großbritannien, Frankreich, Russland und China, 10 nichtständige Mitglieder, davon fünf Staaten aus Afrika und Asien, zwei Staaten aus Westeuropa und anderen Staaten, zwei Staaten aus Lateinamerika und ein Staat aus Osteuropa). Die nichtständigen Mitglieder werden durch die Regionalgruppen vorgeschlagen und durch die Generalversammlung gewählt. Die Zeitdauer der Mitgliedschaft im Sicherheitsrat beträgt zwei Jahre.

Der VN-Sicherheitsrat bildet Nebenorgane zur Unterstützung der Arbeit. Diese umfassen Verfahrensausschüsse, Sanktionsausschüsse, Ausschüsse für Friedensoperationen, den Antiterrorismusausschuss, die Kommission zur Friedenskonsolidierung und internationale Strafgerichtshöfe.

Die Steuerung der Prozesse des ständig tagenden Sicherheitsrates übernehmen gewählte Staatenvertreter unter der Leitung des Präsidenten des Sicherheitsrates. Die VN-Sekretariatseinheiten unter Führung des VN-Generalsekretärs unterstützen die Tätigkeit des Sicherheitsrates (Analysen, Informationen, Nutzung von Instrumenten der zivilen Konfliktbearbeitung, Vorbereitung und Ausführung friedenssichernder Operationen und logistische Aktivitäten).

Entscheidungsverfahren und Entscheidungsregeln

Die Entscheidungsprozesse im VN-Sicherheitsrat unterliegen formalen Verfahrensregeln. Das Instrumentarium umfasst offene und geschlossene Sitzungen, Bildung von Kontaktgruppen, Konsultationen mit Truppenstellern und Beitragszahlern für multilaterale Sicherheitsoperationen. Ein wichtiges Element betrifft die Unterrichtung der VN-Mitgliedstaaten, die nicht direkt an den Entscheidungsprozessen teilnehmen, aber zur Umsetzung von Kap.-VII-SVN-Entscheidungen zu Zwangsmaßnahmen verpflichtet sind. Den Orientierungsdebatten folgen öffentliche und private Konsultationen und formelle Tagungen.

Die Entscheidungsverfahren im VN-Sicherheitsrat bieten den Staaten unterschiedliche Informations- bzw. Partizipationsmöglichkeiten. Dies betrifft sowohl die formellen als auch die informellen Prozessphasen. Der Entscheidungspro-

zess beinhaltet die Feststellung nationaler Positionen, die Bewertung konkreter Konfliktkonstellationen und die Anwendung multilateraler Instrumente zum Konfliktmanagement, basierend auf den Entscheidungen des Sicherheitsrates.
Die Schwierigkeit des Interessenausgleichs verlangt neben der Darstellung offizieller Positionen in formellen Sitzungen Phasen flexibler informeller Prozesse. Die Entscheidungen sind politischer Natur, berücksichtigen aber völkerrechtliche Regelungen. Eine formale rechtliche Prüfung der Entscheidungen findet nicht statt. Der VN-Sicherheitsrat wendet Völkerrecht an. Seine Aufgabe ist nicht die Festlegung völkerrechtlich verbindlicher Normen. In begrenztem Umfang hat der VN-Sicherheitsrat legislative Funktionen übernommen. Das betrifft z. B. die Annahme von Antiterrorismusentscheidungen, die unmittelbar innerstaatliches Recht (Begrenzung der Finanzierung des Terrorismus) setzen.
Die Steuerungsorgane (Präsident des Sicherheitsrates) unternehmen Anstrengungen, die Informations- und Mitwirkungsrechte von Nichtmitgliedstaaten des Sicherheitsrates über spezielle Briefings und Konsultationen zu verbessern (Transparenz und Partizipation durch modifizierte Arbeitsweise). Die sogenannte Arria-Formel regelt selektive Konsultationen mit kompetenten Nichtregierungsorganisationen. Andere Regelungen betreffen die Teilnahme von Nichtmitgliedstaaten an formalen Debatten des Sicherheitsrates ohne Stimmrecht.
Der Präsident des Sicherheitsrates (Rotation monatlich) leitet die Aufstellung der Tagesordnung und die informellen und formellen Debatten, Konsultationen und Entscheidungsprozesse. Er wird dabei vom VN-Generalsekretär unterstützt.
Diese kurze Beschreibung der generellen Verfahren zeigt die Komplexität der Prozesse. Die notwendige Begrenzung des Entscheidungsgremiums auf derzeit 15 Staaten erleichtert effiziente Arbeitsverfahren, hat aber den Nachteil begrenzter Partizipation. Veränderungen der Arbeitsstrukturen und Arbeitsweisen des VN-Sicherheitsrates können daher nur teilweise Ausgleich schaffen. Weitere Probleme sind die Vertretungsrelationen (Repräsentanz) und die Entscheidungsregeln (Vetorecht).
Die Beziehungen des Sicherheitsrates zur Generalversammlung sind durch die Sonderstellung des VN-Sicherheitsrates als Exekutivorgan multilateraler Sicher-

heitspolitik begründet. Diese untersagt Aktionen der Generalversammlung im Fall der Befassung des Sicherheitsrates mit Konflikten (seized of the matter). Dies setzt dem universalen VN-Hauptorgan Generalversammlung enge Handlungsgrenzen auf diesem essentiellen Gebiet. Die VN-Generalversammlung muss aber die Budgets für vom Sicherheitsrat beschlossene Friedensoperationen bestätigen. Der Internationale Gerichtshof als rechtliches Hauptorgan der Vereinten Nationen kann Entscheidungen des Sicherheitsrates nicht rechtlich bewerten. Er kann nur auf Anforderung rechtliche Stellungnahmen abgeben.

Die Zusammenarbeit des Sicherheitsrates mit dem Wirtschafts- und Sozialrat muss angesichts der erweiterten Sicherheitskonzeption vertieft werden. Das betrifft Strategien zum Kampf gegen sozioökonomische und ökologische Sicherheitsbedrohungen, Maßnahmen der Friedenskonsolidierung und die effektive Gestaltung ökonomischer Sanktionsregime.

Die verstärkte Nutzung regionaler Organisationen in der VN-Friedenssicherung erfordert die Legitimierung (Mandatserteilung) für Operationen dieser Organisationen durch den Sicherheitsrat und die Stärkung der konzeptionellen und operativen Kooperation (Realisierung subsidiärer Relationen).

Die Kapazitäten regionaler Organisationen zur Friedenssicherung müssen dazu speziell ausgebaut werden, um regionale Konflikte effektiv zu managen.

Die *Entscheidungsregeln* im Sicherheitsrat gehen vom egalitären Prinzip der Staatengleichheit aus. Jeder Staat verfügt über eine Stimme.

Für *inhaltliche (substantielle)* Entscheidungen sind neun Zustimmungen erforderlich. Es darf kein Veto eines ständigen Mitglieds vorliegen. Die Stimmenthaltung zählt nicht als Veto.

Für *sonstige Entscheidungen* sind neun Zustimmungen erforderlich. Das Vetorecht gilt hier nicht.

Die Einordnung als wichtige oder sonstige Frage unterliegt dem Vetorecht. Damit kann eine Einordnung als sonstige Frage verhindert und die Anwendung des Vetorechts im Falle wichtiger Fragen erzwungen werden (doppeltes Veto).

Die Revision von Entscheidungen des VN-Sicherheitsrates (Beenden von Sanktionen) unterliegt ebenfalls der Vetobestimmung (reversed Veto). Das verhindert flexible Anpassung von Sanktionsregimen.

Das Privileg des Vetorechts ist umstritten. Es soll die Einbindung der Kernmächte sicherstellen und Entscheidungen gegen ihre Interessen verhindern. Kritiker betrachten das Vetorecht im Entscheidungsprozess als Verletzung der souveränen Staatengleichheit. Diese Regelung bedingt, dass Entscheidungen ohne Übereinstimmung der ständigen Mitglieder des Sicherheitsrates nicht möglich sind. Dies kompliziert die Entscheidungsprozesse und verzögert die Annahme konkreter Beschlüsse.

Das Ringen um die Entscheidung über eine VN-Intervention im Irak 2003 bzw. eine noch ausstehende Entscheidung über konkrete Operationen im Sudan (Provinz Dafur) sind illustrative Beispiele.

Dem stehen zahlreiche Entscheidungen über friedenssichernde VN-Operationen und Sanktionsregime gegenüber.

Die Annahme von Entscheidungen (Ergebnisformen) kann im Konsensus bzw. durch Abstimmung über Resolutionen erfolgen. Erklärungen des Präsidenten sind eine spezielle Form der Stellungnahme.

Entscheidungen sind mit Bezug auf Kapitel VII der SVN rechtsverbindlich (Zwangsmaßnahmen). Dies betrifft auch friedenssichernde Operationen mit sogenannten robusten Mandaten (Anwendung militärischer Gewalt). Andere Entscheidungen (Bezug auf Kapitel VI SVN) sind nicht rechtsverbindlich.

Die Ausübung des Vetorechts stellt eine bestimmte Form der Entscheidung gegen VN-Interventionen dar. Dies kann aber nicht als „Blockade des Sicherheitsrates“ gewertet werden. Das Vetorecht ist ein Konstruktionselement im Entscheidungsmechanismus des Sicherheitsrates.

Trends

Reformen des Sicherheitsrates betreffen zunächst die Veränderung der Größe und Zusammensetzung des Rates, um Repräsentativität und Legitimität der Entscheidungen zu erhöhen. Bisherige Versuche scheiterten an Einwänden von Vetostaaten bzw. Rivalitäten bezüglich der regionalen Vertretung.

Ein weiteres Problem ist die Gestaltung der Entscheidungsprozesse. Eine Abschaffung des Vetorechts bzw. eine Übertragung auf mögliche neue ständige Mitglieder scheint nicht realistisch. Vorstellbar wäre die Beschränkung der Ausübung des Vetorechts auf Kap.-VII-SVN-Entscheidungen und die Begründung von Vetos.

Die Gestaltung und Durchführung von verschiedenen Typen von VN-Interventionen erfordern konzeptionelle Klärungen bezüglich der rechtlichen Basis (Interventionsverbot, Reichweite des Prinzips der Selbstverteidigung, Gewaltmonopol des Sicherheitsrates).

Die Kapazitäten zur Leitung und Durchführung von VN-Interventionen müssen wesentlich verstärkt werden. Das betrifft die personellen, finanziellen und materiellen Ressourcen, die für erfolgreiche Interventionen unabdingbar sind, ebenso wie logistische Verbesserungen.

Die Effizienz und Wirkung der VN-Friedenssicherung muss auf realere Grundlagen gestellt werden. Dies erfordert Klärungen bezüglich der Wahrnehmung der „internationalen Verantwortlichkeit" von Staaten.

Zugleich ist das Verhältnis von Aufwand und Effekt von Friedensoperationen realistisch zu bewerten. Mangelnde politische Lösungskonzepte bzw. fehlender politischer Wille zur Realisierung von vereinbarten Konzepten können nicht durch VN-Friedenserhaltungsoperationen verdeckt werden. Dies erfordert realistische Konzepte zum „nation building" und deren Realisierung.

Die weitere Modifizierung der Arbeitsstrukturen und der Arbeitsweise des VN-Sicherheitsrates ist ebenso notwendig wie die Neugestaltung der Beziehungen zu anderen zwischenstaatlichen VN-Organen, VN-Sonderorganisationen und regionalen Organisationen.

Multilaterale Entscheidungen zur Sicherheitspolitik müssen auf Interessenausgleich im Entscheidungsprozess basieren. Die Entscheidungen müssen differenzierte Strategien der Friedenssicherung enthalten, und der politische Wille und die Ressourcen müssen den Aufgaben entsprechen.

Nicht zuletzt muss der Öffentlichkeit in den einzelnen Staaten die Sinnhaftigkeit und der Nutzen multilateraler Sicherheitsoperationen vermittelt werden, um den erforderlichen Einsatz von politischen, wirtschaftlichen und militärischen Mitteln innenpolitisch zu rechtfertigen. Dies erfordert eine realistische Begründung nationaler Interessen in einer globalisierten Welt und Bestimmung der globalen Sicherheitsbedrohungen sowie effektiver internationaler Strategien.

C) Wirtschafts- und Sozialrat (ECOSOC)

Entwicklung

Der ECOSOC hat nur begrenzte Kompetenzen hinsichtlich der Festlegung von Leitlinien der internationalen Wirtschaftspolitik. Das multilaterale Entscheidungssystem ist dezentral organisiert. Eine wesentliche Rolle spielen neben der Gruppe der entwickelten Staaten (G 8) der Internationale Währungsfond (Währungsregime), die Weltbankgruppe (Regime der Entwicklungsfinanzierung) und die Welthandelsorganisation (Welthandelsregime). Das VN-Entwicklungsprogramm und die Sonderorganisationen im VN-System spielen eine Rolle bei der multilateralen finanziellen, technischen und humanitären Hilfe.

Der VN-Wirtschafts- und Sozialrat hat die formale Aufgabe der Koordinierung der Arbeit der VN-Sonderorganisationen im VN-System. Versuche der Entwicklungsländer, neue Prinzipien, Strukturen und Prozesse im Weltwirtschaftssystem durchzusetzen (Aktionsprogramm zur sog. Neuen Internationalen Wirtschaftsordnung), scheiterten am Widerstand der industriell entwickelten Staaten. Diese lehnten konsequent grundsätzliche Veränderungen der Macht- und Entscheidungsstrukturen, der Mechanismen der Entscheidungsfindung und finanzielle Umverteilungsprozesse ab. Dies betraf Programme zur Regulierung der Rohstoffmärkte und Rohstoffpreise, die Kontrolle ausländischer Direktinvestitionen durch Regulierungen in den Empfängerstaaten und den Zugang zum Technologietransfer. Die realen Machtstrukturen in der Weltwirtschaft führten zur Ablehnung sogenannter dirigistischer Lenkungsmethoden und zur verstärkten Anwendung marktwirtschaftlicher Mechanismen gemäß dem sogenannten Washington-Konsensus (Prozesse der Liberalisierung, Privatisierung und Deregulierung). Dies fiel zusammen mit erforderlichen politischen und wirtschaftlichen Transformationsprozessen in den früheren sozialistischen Ländern.

Der mäßige Erfolg radikal neoliberaler Programme hat zu Tendenzen geführt, die institutionellen bzw. sozialen Faktoren von Marktprozessen stärker zu betonen (Rechtssysteme, Regulierungsstrukturen, soziale Sicherungssysteme).

Die zwischenstaatlichen VN-Organe, speziell der VN-Wirtschafts- und Sozialrat, sollten eine zentrale Rolle bei der Koordinierung aller Elemente der Entwicklungspolitik (Strategien, Finanzierung, Koordination, Realisierung der Agenda for Development) übernehmen. Die bessere Koordinierung der dezentralen Entscheidungen zur Welthandels-, Weltwährungs- und Weltfinanzpolitik würde die politische Stellung des ECOSOC stärken. Dies bedingt den politischen Willen der VN-Mitgliedstaaten (Bereitschaft zur Akzeptanz neuer Rolle, Modifikation der Entscheidungsmechanismen, Position der staatlichen Vertreter in der nationalen Entscheidungshierarchie).

Rein organisatorische Maßnahmen (Bildung von Segmenten, Straffung der Abläufe, thematische Diskussionen mit Internationalem Währungsfond, Weltbank und Welthandelsorganisation) können nur begrenzt den Status des VN-Wirtschafts- und Sozialrates im internationalen Entscheidungssystem der Weltwirtschaft verändern.

Funktionen, Aufgaben, Strukturen

Die allgemeinen Funktionen und die immanenten Entscheidungen umfassen:

1. die Koordination der Entscheidungen im VN-System, speziell mit den VN-Sonderorganisationen
2. die Anleitung, Kontrolle und Koordination der Entscheidungen in nachgeordneten Funktionalkommissionen
3. die Anleitung, Kontrolle und Koordination der Entscheidungen in nachgeordneten regionalen Wirtschaftskommissionen
4. die Bestimmung von Konzeptionen zur Gestaltung der Entwicklungspolitik (Strategien, Projekte, Finanzierung, Koordination auf nationaler Ebene)
5. die Organisation der Teilnahme von Nichtregierungsorganisationen an VN-Entscheidungsprozessen
6. die rationale Kooperation mit der Generalversammlung, speziell den entsprechenden Hauptausschüssen zu wirtschaftlichen, sozialen und humanitären Fragen
7. die Kooperation mit dem VN-Sicherheitsrat speziell bezüglich der sozioökonomischen und ökologischen Sicherheitsbedrohungen, der Gestaltung und Durchsetzung wirksamer multilateraler ökonomischer Sanktionsregime und der Friedenskonsolidierung in der Phase nach gewaltsamen Konflikten

Die *Strukturen* des ECOSOC umfassen die 54 gewählten ECOSOC-Mitgliedstaaten. Die Aufteilung der Sitze im ECOSOC nach Regionen ist wie folgt geregelt: 14 Staaten aus Afrika, 11 Staaten aus Asien, 10 Staaten aus Lateinamerika/Karibik, 13 Staaten aus Westeuropa/andere Staaten, sechs Staaten aus Osteuropa.

Dem VN-Wirtschaftsrat sind die bereits genannten neun Funktionalkommissionen und fünf regionalen Wirtschaftskommissionen direkt nachgeordnet.

Die Sitzungsarten sind eine Organisationstagung und eine substantielle Tagung im Jahr. Die substantielle Tagung ist im Interesse straffer Prozessabläufe in Segmente geteilt (konzeptionelle Diskussion, operative Aktivitäten, humanitäre Aktivitäten, Koordination, organisatorische Aktivitäten).

Das *Steuerungsorgan* der Diskussions- und Verhandlungsprozesse bilden der gewählte Präsident und die vier Vizepräsidenten (Büro des ECOSOC). Die VN-Sekretariate unterstützen die Prozesse im VN-Wirtschafts- und Sozialrat (Analysen, Studien, Informationen, Lösungsvorschläge, Logistik).

Entscheidungsverfahren und Entscheidungsregeln

Der Ablauf der Prozesse wird durch spezielle Verfahrensregeln gesteuert. Formale und informale Phasen sind Teil der Gesamtprozesse. Informelle Konsultationen unterschiedlicher Konstellation sind ebenso Teil der Prozesse wie spezielle Arbeits- und Kontaktgruppen. Eine Schwierigkeit besteht in der Bewertung der Berichte von Funktionalkommissionen, regionalen Wirtschaftskommissionen und Sonderorganisationen und der Bestätigung vorgeschlagener Entscheidungen. Diese Entscheidungen betreffen unterschiedliche funktionale Gebiete. Die Zusammensetzung der nationalen Delegationen zu ECOSOC-Tagungen ermöglicht keine detaillierte fachbezogene Erörterung. Das Verfahren beschränkt sich deshalb oft auf die formale Wiederholung von Staatenpositionen bzw. die routinemäßige Kenntnisnahme und Weiterleitung an die Generalversammlung gemäß den Bestimmungen des mehrstufigen Entscheidungsprozesses. Die Vielzahl der zu erörternden Probleme behindert reale Dialoge. Die formale Folge von Erklärungen zu nationalen Positionen verursacht routinehafte Prozesse.

Die Form der ECOSOC-Entscheidungsergebnisse sind Resolutionen, Konventionen, Deklarationen und organisatorische Routineentscheidungen. Die Annahme erfolgt durch einfache bzw. qualifizierte Mehrheit bzw. Konsensus. Die Entscheidungen sind nicht rechtsverbindlich für die Staaten.

Die Annahme von Entscheidungen durch Konsensus liegt zwischen Einstimmigkeits- und Mehrheitsprinzip (differenzierter Grad der Übereinstimmung). Es bestehen keine expliziten Einwände, aber auch keine vollständige Zustimmung. Dabei ist noch zwischen „Annahme von Entscheidungen durch Konsensus“ und „Annahme von Entscheidungen ohne Abstimmung“ zu unterscheiden. Letzteres Verfahren erlaubt Staaten, das Desinteresse an der Unterstützung zu verdeutlichen, ohne den Entscheidungsprozess zu blockieren (Pseudokonsensus). Man kann weiter zwischen Konsensus mit und ohne Resolution differenzieren.

Die verstärkte Anwendung des Konsensus beruht u. a. auf der Realität einer numerischen Mehrheit der Entwicklungsländer in den VN-Hauptorganen. Dies ermöglicht die Durchsetzung von Mehrheitsentscheidungen. Die Umsetzung dieser Entscheidungen durch formale Mehrheiten ist aber kontraproduktiv angesichts der realen Machtverhältnisse. Konsensusentscheidungen stellen einen Kompromiss dar.

Kritik an Konsensusentscheidungen bezieht sich auf die Tendenzen der „Einigung auf den kleinsten gemeinsamen Nenner“, die Möglichkeiten zur Obstruktion der Prozesse und die Existenz starker Vorbehalte, welche die Realisierung der Entscheidungen erschweren.

Positiv ist, dass die Kompromisssuche in den Entscheidungsprozessen verstärkt und die Anpassung nationaler Positionen im Interesse des Interessenausgleichs erleichtert wird.

Tendenzen

Die Stärkung der Rolle des ECOSOC in den weltwirtschaftlichen Entscheidungsprozessen erfordert:

1. Konzentration auf konzeptionelle und operative Fragen der Entwicklungspolitik

2. Übernahme von Aufgaben im Kontext der multilateralen Sicherheitspolitik wie wirksame Strategien gegen sozioökonomische Sicherheitsbedrohungen, Sanktionsregime und Konzepte zur Friedenskonsolidierung in fragilen Staaten
3. Stärkung des inhaltlichen Einflusses auf weltwirtschaftliche Entscheidungen im Prozess der Koordination der VN-Sonderorganisationen
4. Ausbau der Mechanismen zur gezielten Mitwirkung von Nichtregierungsorganisationen an VN-Entscheidungsprozessen
5. Verstärkung des Einflusses auf die Entscheidungen in nachgeordneten Funktional- und Regionalkommissionen (Leitfunktion)

4.3 Informelle Prozesse, Entscheidungsnetzwerke und Einflussstrategien

Die komplexen VN-Entscheidungsprozesse erfordern Maßnahmen zur rationalen Gestaltung des Ausgleiches unterschiedlicher nationaler Interessen. Die nationalen Positionen sind bereits Resultat des Ausgleichs von Interessen auf nationaler Ebene. Der nächste Schritt ist der Interessenausgleich auf internationaler Ebene. Die Verhandlungsprozesse enthalten, wie ausgeführt, öffentliche und private Prozesse mit unterschiedlicher Rolle und in verschiedener Zusammensetzung. Eine wesentliche Rolle spielen dabei informelle Kontakte in den verschiedenen Phasen der Entscheidungsprozesse.

Diese umfassen inoffizielle Kontakte in Arbeitsgruppen, Kontaktgruppen, Freundesgruppen und Draftinggruppen. Dies erlaubt offene, ungezwungene Diskussionen ohne strikte Verfahrensregeln. Diese informellen Prozesse tragen wesentlich zur Entscheidungsfindung bei.

Der indirekte Einfluss ist schwierig zu erfassen. Die Entscheidungsbildung zur Bestimmung gemeinsamer Interessen erfolgt oft zunächst auf der Basis gemeinsamer Positionen von Regional- oder Interessengruppen (like-minded states). Die informellen Formen/Phasen der multilateralen Entscheidungsprozesse gestatten den Verzicht auf übertriebene formale Darstellung von nationalen Staatenpositionen und die informelle Behandlung sensitiver Probleme. Dies kann zur Bildung von Kompromissen beitragen. Die formellen Prozessphasen dienen eher der grundsätzlichen Darstellung nationaler Positionen bzw. der offiziellen Annahme der Entscheidungen.

Im VN-Sicherheitsrat und dessen Entscheidungsprozessen finden z. B. spezielle informelle Konsultationen zwischen selektiven Gruppen statt (permanente Mitgliedstaaten, nichtpermanente Mitgliedstaaten, alle Mitgliedstaaten, Mitgliedstaaten und Nichtmitgliedstaaten, Präsident des Sicherheitsrates und Staatengruppen bzw. VN-Generalsekretär).

Dies führt zu komplexen Netzwerken der Verhandlungs- und Entscheidungsprozesse und der Interaktion zwischen den Akteuren. Hinzu kommen Konsultationen mit truppenstellenden Staaten und Staaten mit erheblichen finanziellen Leistungen für VN-Friedensoperationen. Diese Netzwerke sind Bausteine des komplexen Willensbildungsprozesses.

Von besonderer Bedeutung für Entscheidungen des VN-Sicherheitsrates sind die Prozesse und Ergebnisse spezieller Konsultationen zwischen den fünf permanenten Mitgliedern des Sicherheitsrates. Die Herstellung gemeinsamer Wertungen und Strategien ist Bedingung für den Verzicht auf die Anwendung des Vetorechts und damit eine wesentliche Grundlage für multilaterale Entscheidungen.

Die Zeitphase des Ost-West-Konflikts war gekennzeichnet von der Ausübung des Vetos speziell durch die USA und die Sowjetunion aufgrund unvereinbarer Positionen. Die Zeit nach dem Ende des Ost-West-Konflikts und der bipolaren Konstellation brachte stärker gemeinsame Positionen zu VN-Interventionen.

Der Ausbruch neuer Konflikte und das Entstehen neuer Arten von Sicherheitsbedrohungen verstärkte Interessendifferenzen im VN-Sicherheitsrat.

Der Versuch der Hegemonialmacht USA, VN-Interventionen zu erzwingen bzw. unilaterale Interaktionen multilateral zu legitimieren, scheiterte und offenbarte neue Interessenkonstellationen (Rolle Frankreichs, Chinas, Russlands). Dieser Prozess der Herausbildung multipolarer Strukturen mit spezifischen Interessenkonstellationen wird die Entscheidungsprozesse im Sicherheitsrat weiter bestimmen. Dies erfordert flexible Methoden und Strukturen zum multilateralen Interessenausgleich. Die Erweiterung des Sicherheitsrates um neue ständige und nichtständige Mitgliedstaaten wird zwar die Legitimität der Entscheidungen erhöhen, stellt aber noch größere Anforderungen bezüglich effektiver Entscheidungsprozesse. Flexible Entscheidungsnetzwerke unterstützen die Entscheidungsbildung. Der entscheidende Faktor bleibt aber der Grad möglicher Beeinflussung nationaler Interessen. Dabei spielen die Lenkung und Organisation der Prozesse und die subjektiven Merkmale der agierenden Staatenvertreter eine wichtige Rolle. Die wachsende Erkenntnis der gegenseitigen Abhängigkeit nationaler Interessen unter den Bedingungen von Interdependenz, Globalisierung und Transnationalisierung trägt dazu bei, das multilaterale Potential besser zu nutzen.

Die multilateralen Entscheidungsprozesse verlaufen zwischen einer Vielzahl von Akteuren mit unterschiedlichen Einflussstrategien und nach komplizierten „Spielregeln“. Der Grad des Einflusses auf die Entscheidungsergebnisse hängt von der Positionsmacht einzelner Staaten bzw. Staatengruppen und der Wahl effizienter Verhandlungsstrategien ab. Koalitionsbildungen und spezielle Taktiken des Gebens und Nehmens im Prozess der Kompromissfindung sind wichtige Elemente der Entscheidungsprozesse.

Dabei gibt es einseitige (Versuch von Akteuren, durch Druck, Anreize und Sanktionen das Verhalten anderer Akteure zu beeinflussen) und reziproke Strategien (Kompromisse, Verbindung von unterschiedlichen Elementen, Paketlösungen). Diese Strategien werden in den realen Prozessen kombiniert.

Entscheidende Faktoren, die Wahl und Wirkung der Einflussstrategien bestimmen, sind, wie bereits ausgeführt:

a) die Positionsmacht (Zahl der Stimmen)
b) die persönlichen Merkmale der Verhandlungsführer (Autorität, Flexibilität, diplomatische Erfahrung, Verhandlungsstrategien)
c) die Nutzung der Verfahrensregeln und informeller Mechanismen (Netzwerke)

Die auf Positionsmacht beruhenden Strategien können unterschieden werden nach *mehrheitsbasierten Strategien* (Kontrolle durch eine große Zahl von Staaten mit gemeinsamen Zielen/Positionen), *minderheitsbasierte Strategien* (kleine Staatengruppen mit gemeinsamen Zielen, Druck durch gezielten Einsatz von Ressourcen) und *vermittelnde Strategien* (Nutzung durch Staaten, die hohes Vertrauen als Vermittler und eine Reputation für faire Positionen besitzen).

Die mehrheitsbasierten Strategien bestimmen die Prozesse in der VN-Generalversammlung. Das egalitäre Prinzip (1 Staat/1 Stimme) bietet die Grundlage für numerische Mehrheiten der Staaten der Gruppe 77 (130 Staaten mit allerdings zunehmend differenziertem Entwicklungsniveau und heterogener Interessenstruktur). Die Umsetzung von Entscheidungen, die auf der Anwendung dieser Strategien beruhen, ist durch die Missachtung der Interessen der Industriestaaten schwierig. Deshalb werden öfter Konsensusentscheidungen gesucht.

Die minderheitsbasierten Strategien werden durch mächtige Staaten benutzt. Der Einsatz politischer und ökonomischer Druckmittel bzw. von Anreizsystemen dient der Beeinflussung anderer Staaten.

Die Entscheidungsprozesse im Sicherheitsrat ermöglichen den Kernmächten, Entscheidungen, die sich gegen ihre nationalen Interessen richten, zu verhindern. Die USA erzwangen durch politischen Druck, dass bei Entscheidungen über die Höhe der VN-Budgets Konsensus bestehen muss. Damit verhindern sie Mehrheitsbeschlüsse zu Budgetentscheidungen, die ihre Beitragsleistungen erhöhen würden. Die Durchsetzung nationaler Prioritäten erfolgt oft mit subtilen Methoden der Beeinflussung, aber auch mit relativ offener Ausübung politischen und ökonomischen Drucks.

Die Vertretung nationaler Interessen in VN-Entscheidungsprozessen ist legitim. Flexibilität ist erforderlich, um tragfähige Kompromisse zu erreichen. Multilaterale Politik ist aber auch Machtpolitik. Die angewandten Methoden zum Einsatz von Machtmitteln sind vielfältig und unterschiedlich wirkungsvoll.

Eine zu einseitige Nutzung von Machtpositionen erzeugt kontraproduktive Gegenstrategien. Dies erschwert die multilaterale Entscheidungsfindung, die einen fairen Interessenausgleich bedingt.

Die vermittelnden Strategien von Staaten mit hoher Reputation für faires Verhalten sind oft im multilateralen Rahmen erfolgreich. Beispiele dafür sind spezielle Initiativen der nordischen Staaten und Kanadas für sicherheitspolitische Entscheidungen (Landminenkonvention, humanitäre Interventionen). Diese Strategien erfordern die inhaltliche Vorbereitung innovativer Konzepte, die Bildung von Interessenkoalitionen, die Schaffung von Vertrauen und die Vermittlung von Kompromissen.

Neben den inhaltlichen Strategien sind in VN-Prozessen persönliche Eigenschaften der nationalen Verhandlungsführer sowie der Staatenvertreter in den gewählten Leitungsorganen der multilateralen Entscheidungsprozesse wichtige, erfolgbestimmende Faktoren. Diplomatische Erfahrung und Kompetenz sind ebenso wichtig wie Autorität und Flexibilität. Diese Merkmale verstärken oder verringern objektive Positionsmacht. Die Konkretheit bzw. Flexibilität nationaler Weisungen bestimmt den Einfluss persönlicher Faktoren.

Die Analyse konkreter multilateraler Prozesse[10] in den Vereinten Nationen zeigt den unterschiedlichen Grad der Konkretheit und Flexibilität nationaler Verhandlungspositionen und -strategien. Das betrifft auch das Ausmaß der Kontrolle der Verhandlungsprozesse durch nationale Regierungsstellen. Dies ist abhängig von nationalen Prioritäten und Kapazitäten sowie von der Beurteilung der Wirkung von multilateralen Entscheidungen auf die nationale Politik.

Die kompetente Nutzung der Verfahren für die Realisierung nationaler Interessen, aber auch für die gemeinsame Strategienbildung ist ein weiterer, nicht zu negierender Faktor. Substantielle Elemente und Verfahren müssen im Interesse rationaler Entscheidungen eine Einheit bilden.

Die Entscheidungsergebnisse werden von substantiellen Elementen und von der kompetenten Anwendung der Verfahrensregeln beeinflusst (Reihenfolge der Abstimmung von Entscheidungsvorschlägen, Behandlung von Änderungsvorschlägen, Unterscheidung zwischen Änderungsvorschlägen und neuen Vorschlägen). Die faire Anwendung der Verfahrensregeln durch die Leitungsorgane der Verhandlungen verhindert Manipulationen und verfahrensmäßige Tricks, die das notwendige Vertrauensverhältnis untergraben und das Verhandlungsklima belasten. Die Klärung von Streitfragen in geeigneten informellen Konsultationsgruppen entlastet die offiziellen Sitzungen und verhindert destruktive Verfahrensdebatten.

In schwierigen prozeduralen Fragen können kompetente Vertreter der VN-Sekretariate Lösungen vorschlagen, die auf der exakten Kenntnis der Verfahrensregeln bzw. Präzedenzfällen basieren.

Zwei Beispiele mögen den Einfluss prozeduraler Regeln und ihrer Anwendung belegen:

a) Die Genfer Abrüstungskonferenz (CD) erzielte eine weitgehende Einigung über eine Regelung zum nuklearen Teststop. Im Gremium gilt das Konsensprinzip. Dessen Anwendung erwies sich als nicht möglich, da Indien Einwände hatte (Verknüpfung des Teststops mit nuklearer Abrüstung der Nuklearstaaten). Der Vorsitzende überwies die Regelung ohne formale Annah-

---

10 Smith: Politics and Process at the United Nations. Lynne Rienner Publishers, Boulder/ London 2006

me durch die Abrüstungskonferenz direkt zur Annahme an die VN-Generalversammlung.

Diese prozedurale Manipulation sicherte die Annahme durch die VN-Generalversammlung.

b) Im Zusammenhang mit den Verhandlungen zur Reform des VN-Sicherheitsrates bestand eine weitgehende Einigung (Größe, Zusammensetzung, Entscheidungsverfahren). Der sogenannte Razali-Plan sollte nach den Entscheidungsregeln der Generalversammlung als wichtige Frage mit einer qualifizierten Mehrheit (2/3 der anwesenden und abstimmenden Staaten) angenommen werden.

   Eine prozedurale Manipulation der Gegner des Vorschlages forderte mit der Einstufung als Ergänzung der SVN eine 2/3-Mehrheit aller VN-Mitgliedstaaten. Dies verhinderte die Annahme des Vorschlages.

Diese Beispiele zeigen die Nutzung von Verfahrensregeln zur Beeinflussung der VN-Entscheidungsfindung. Es ist notwendig, die manipulative Nutzung zu begrenzen und die positive Nutzung zur Sicherung effektiver Entscheidungsprozesse zu verstärken.

5. Realisierung und Wirksamkeit von Entscheidungen der Vereinten Nationen

5.1 Realisierung von VN-Entscheidungen durch Staaten

Die Wirksamkeit von VN-Entscheidungen hängt von ihrem Einfluss auf die Gestaltung des staatlichen Verhaltens in den zwischenstaatlichen und innerstaatlichen Prozessen ab. Die Form der Entscheidungsergebnisse (Resolution, multilateraler Vertrag, Konvention, Deklaration) und das zwischenstaatliche VN-Organ bestimmen die rechtliche Verbindlichkeit der VN-Entscheidungen für die Staaten. Die Einhaltung der VN-Entscheidungen durch die Staaten (Compliance) beeinflusst deren konkrete Wirkung. Die Überwachung (Monitoring) der Entscheidungsrealisierung erfordert spezielle Mechanismen und Instrumente.

Es ist zu unterscheiden zwischen:

1. Resolutionen der Generalversammlung als Empfehlungen für die Staaten
2. Annahme multilateraler Verträge und Konventionen durch die Generalversammlung. Die Regelungen dieser Entscheidungsform erfordern die Ratifizierung durch die nationalen Parlamente. Damit werden die zwischenstaatlichen VN-Entscheidungen nationales Recht und sind rechtlich verbindlich.
3. Annahme von Resolutionen des VN-Sicherheitsrates nach Kap. VI SVN als Empfehlungen für staatliches Verhalten
4. Annahme von Resolutionen des VN-Sicherheitsrates nach Kap. VII SVN als rechtsverbindliche Entscheidungen für Staaten bezüglich der Teilnahme an friedenserzwingenden Zwangsmaßnahmen bzw. für die normverletzenden Staaten als Forderung nach Verhaltenskorrekturen
5. Annahme von Resolutionen des VN-Wirtschafts- und Sozialrates als Empfehlungen für staatliches Verhalten
6. Annahme von Deklarationen und Aktionsplänen durch die VN-Generalversammlung und den VN-Wirtschafts- und Sozialrat als freiwillige Staatenverpflichtungen

Die den VN-Entscheidungen zugrundeliegenden völkerrechtlichen Normen (SVN) sind als internationale Rechtsordnung (Verfassung des internationalen Systems) regelleitend für die VN-Mitgliedstaaten.
Die VN-Entscheidungen bilden zunächst unabhängig vom Grad der rechtlichen Verbindlichkeit Leitlinien für konkretes Staatsverhalten.

Dabei ist zu berücksichtigen:

1. Das Management globaler und transnationaler Probleme erfordert multilaterale Entscheidungen bezüglich anzuwendender Prinzipien, Normen und Regeln für die Steuerung der Prozesse (Zunahme des Bedarfs nach multilateralen Leistungen).
2. Die Entscheidungen der zwischenstaatlichen VN-Organe beziehen sich auf die Normsetzung und die Normdurchsetzung. Die VN-Entscheidungen bestimmen stärker die Normsetzung. Die Instrumente zur Überwachung der Normrealisierung durch die Staaten sind nach Politikfeldern unterschiedlich wirksam. Die Normrealisierung obliegt souveränen Staaten. Die Sanktionierung von Normverletzungen ist nur begrenzt möglich (nach Kap. VII SVN-Sanktionsregime, Regelung in multilateralen Verträgen). Multilaterale Streitbeilegungsmechanismen haben nur begrenzte Wirkung (IGH, WTO Dispute Settlement Mechanism).
3. Die Tätigkeit der Vereinten Nationen als relativ autonome Einheit zur Kontrolle der Normeinhaltung durch Staaten ist noch relativ schwach entwickelt. Dies betrifft den Mangel an adäquaten Inspektions-, Verifikations- und Sanktionsinstrumenten. Die Überwachung spezieller Rüstungskontrollabkommen (Weiterverbreitung von Kernwaffen, Konvention über das Verbot biologischer Waffen) ist Aufgabe von VN-Einheiten bzw. von Sonderorganisationen im VN-System. Im Politikfeld Menschenrechte sind die Kontroll- und Durchsetzungsmechanismen begrenzt (Länderberichte, vertragsbezogene Wertungen durch VN-Sekretariate unter Leitung des VN-Hochkommissars für Menschenrechte bilden die Grundlage für zwischenstaatliche Empfehlungen an die Staaten bezüglich der Einhaltung von Menschenrechtsnormen).

Die Wirkungen von multilateralen VN-Entscheidungen auf die Gestaltung der internationalen Ordnung sind nach Politikfeldern unterschiedlich. Die Wirkung ist am stärksten in Politikbereichen, in denen internationale Regime bestehen und durchgesetzt werden. Hier besteht Klarheit über geltende Prinzipien, Normen, Regeln und Entscheidungsverfahren.

Innenpolitische Faktoren determinieren staatliches Verhalten und den Grad regelgeleiteten Verhaltens im Rahmen zwischenstaatlich vereinbarter Ordnungsstrukturen. Dies setzt die Legitimität kollektiver Normsetzung voraus, besonders die Berücksichtigung wenn auch begrenzter nationaler Souveränitätsrechte. Die gleichberechtigte Teilnahme der Staaten an den VN-Entscheidungen sichert deren Einbindung in funktionierende internationale Mechanismen.

Die VN-Interventionen bei Normverletzungen bleiben selektiv. Sie sind stärker auf das Management von Konflikten als auf bloße Sanktionierung der Normverletzer gerichtet. Der VN-Mechanismus ergänzt die Kontrolle staatlicher Strategien und ihrer Normkonformität durch die Staaten selbst (im Rahmen der Regelung durch multilaterale Verträge).

Spezielle Aspekte der Einhaltung von VN-Entscheidungen (durch die VN-Mitgliedstaaten)

Die Regelung des Staatsverhaltens durch multilateral festgelegte Normen/Regeln und deren Einhaltung durch souveräne Nationalstaaten ist Gegenstand vielfältiger konzeptioneller Überlegungen. Dabei geht es neben konzeptionellen Fragen um verschiedene Formen von Sanktionen, Transparenz, Datensammlung, Verifikation, Überwachung, politische Wertungen und die Rolle spezifischer internationaler zwischenstaatlicher Organisationen.[11] Die Beurteilung der Compliance bezieht sich auf normgerechtes Staatsverhalten. Die Normen sind Ergebnisse zwischenstaatlicher Vereinbarungen (VN-Resolutionen, multilaterale Verträge, internationale Regime). Die Überwachung der Normeinhaltung ist zunächst Verantwortung der Staaten. In Streitfällen können spezielle Mechanismen die Konflikte bewerten.

---

[11] Chayes: The New Sovereignty. Compliance with International Regulatory Agreements. Harvard University Press, Cambridge, Massachusetts, 1995

Die generelle Bewertung von Konflikten und die Festlegung potentieller Sanktionsmaßnahmen übernehmen in der Regel die zwischenstaatlichen Organe im VN-System. Sie können spezielle Überwachungs- und Verifikationsaufgaben VN-Sekretariatseinheiten übertragen (IAEA-Inspektionen zur Kontrolle der nuklearen Kapazitäten). Die Folgerungen aus den Ergebnissen der Inspektionen/ Verifikationen zu ziehen, ist Aufgabe der zwischenstaatlichen Entscheidungsorgane im Rahmen der Vereinten Nationen.

Die Wirkung der Einbettung von VN-Entscheidungen hängt vom Problemfeld (Sicherheit, Wirtschaft, Menschenrechte), von der Form der Entscheidungsergebnisse (Resolution, Vertrag, Konvention) und der rechtlichen Verbindlichkeit der Entscheidungen ab. Die Vereinten Nationen als Organ der Normsetzung haben sowohl Zwangsinstrumente (Kap. VII SVN, Bestimmungen multilateraler Verträge, sog. „Enforcement Model") als auch Managementinstrumente („Management Model" zur Durchsetzung internationaler Regime) zur Normdurchsetzung zur Verfügung.

Die komplexe, interdependente Staatenwelt benötigt zur Steuerung der zwischenstaatlichen Kooperation ein dichtes Netzwerk von internationalen Abkommen (regulatorische internationale Regime). Diese politischen und sozioökonomischen Regime legen die Prinzipien, Normen und Regeln der Kooperation fest. Multilaterale Verträge sind Teil dieser Regime. Die Organe der Vereinten Nationen übernehmen die Aushandlung und das Management der Regime. Dies betrifft Entscheidungen der zwischenstaatlichen VN-Organe, aber auch Aktivitäten von VN-Sekretariatseinheiten. Die VN-Entscheidungen legen Rechte und Pflichten der Staaten fest. Dies betrifft auch die Einhaltung festgelegter Normen durch staatliches Handeln (Normeinhaltung, Compliance in internationalen regulatorischen Regimen). Die VN-Entscheidungen regeln die Staatenkooperation. Diese erfordert kollektive Instrumente (Zwangsmaßnahmen, Streitbeilegungsverfahren, Überzeugung) zur Reaktion auf Normverletzungen durch Staaten. Die Anwendung von Zwangsmaßnahmen ist auf selektive Fälle groben und absichtlichen Fehlverhaltens von Staaten begrenzt (internationale Sanktionierung).

Die Gestaltung und Durchsetzung multilateraler politisch-ökonomischer und militärischer VN-Sanktionsregime bleibt auf das Management wichtiger Kon-

flikte beschränkt. Die Anwendung dieser Instrumente erforderte komplizierte Wertungen und die Abstimmung von vielfältigen Interessen.
Staatliches Fehlverhalten bei der Realisierung von VN-Entscheidungen kann auch durch kooperative Mechanismen korrigiert werden (Management Model). Die Normverletzungen rufen Gegenreaktionen anderer Staaten hervor. Die kollektiv getroffenen Regelungen erfordern die Einhaltung durch alle Staaten. Dies ist in der Regel der Fall, berücksichtigen sie doch unterschiedliche nationale Interessen.
Funktionierende Regelungen verringern die Transaktionskosten im internationalen System. Dies geht in nationale Kosten-Nutzen-Kalkulationen ein. Die kooperativen Arrangements berücksichtigen konkurrierende nationale Interessen. Der konkrete Inhalt der VN-Entscheidungen wird von der Struktur (Machtverteilung) im Staatensystem beeinflusst. Dies bedingt schwierige Kompromisse zum Erreichen gemeinsamer Strategien.
Die Realisierung der kollektiv ausgehandelten Entscheidungen liegt im Interesse aller Staaten. Dies sichert das Funktionieren der internationalen Kooperation und die Stabilität des internationalen Systems. Rationale staatliche Akteure verfolgen natürlich spezifische Interessen. Der Interessenausgleich ist ohne kollektive Entscheidungsprozesse schwierig. Selbst mächtige Staaten sind auf internationale Kooperation angewiesen. Unilaterale Aktionen, gestützt auf nationale Machtpotentiale, sind zwar Teil der politischen Realität, treffen jedoch auf Grenzen in einer globalisierten Welt.
Das Nichteinhalten von durch VN-Entscheidungen getroffenen multilateralen Regelungen durch einzelne Staaten hat unterschiedliche Ursachen. Diese betreffen Wertungen des Verhaltens anderer Staaten, innenpolitische Interessen und Vorbehalte gegen multilaterale Entscheidungen. Konflikte entstehen aus der unterschiedlichen Interpretation von Normen und begrenzten nationalen Kapazitäten zur Umsetzung multilateraler Regelungen. Es existieren naturgemäß Unterschiede im Grad der Entscheidungsrealisierung und damit der Normverletzungen.
Akzeptables staatliches Verhalten muss mit Bezug auf unterschiedliche Regime definiert werden. Unakzeptabel sind mutwillige Verstöße speziell gegen Rege-

lungen im Sicherheitsbereich (Verbreitung von Massenvernichtungswaffen, Unterstützung des Terrorismus).

Verstöße gegen Detailregelungen in internationalen ökonomischen und ökologischen Regimen haben geringere Konsequenzen und können leichter korrigiert werden.

Die unterschiedlichen Sachverhalte bedingen differenzierte Instrumente der Reaktion durch die internationale Staatengemeinschaft. Die Reaktion mit multilateralen Zwangsmaßnahmen bleibt auf schwerwiegende Normverletzungen im Sicherheitsbereich beschränkt. Die Vereinten Nationen nutzen stärker einzelne Elemente zum „Management der Compliance mit internationalen regulatorischen Abkommen". Diese umfassen den Aufbau von Berichts- und Verifikationssystemen, Streitbeilegungsmechanismen, technische Hilfe zum Aufbau nationaler Kapazitäten und von Analyse- und Konsultationssystemen.

Die Prozesse verlaufen über die Verhandlung und Annahme multilateraler Entscheidungen, staatliche Berichte über die Entscheidungsrealisierung durch nationale Politiken/Programme, die Bewertung dieser Berichte durch VN-Sekretariatseinheiten sowie die Festlegung von Maßnahmen durch erneute Entscheidungen zwischenstaatlicher VN-Organe. Dies gewährleistet auch Anpassungen an veränderte Bedingungen. Diese Entscheidungszyklen in den Vereinten Nationen kennzeichnen auch das kollektive Sicherheitssystem, Regelungen der multilateralen Rüstungskontrolle, Regelungen zu Friedensoperationen und die Regelung ökonomischer und ökologischer Regime.

Die Staaten sind verstärkt in multilaterale Regelungen eingebunden. Sie besitzen nur begrenzte Autonomie. Die äußere Souveränität zeigt sich in der Mitwirkung an internationalen Regimen. Dies sichert die rationale Verfolgung nationaler Interessen in komplexen Netzwerken der Kooperation. Die Vereinten Nationen bilden den institutionellen Rahmen für die erforderlichen kollektiven Entscheidungen.

Diese Zusammenhänge erklären trotz berechtigter Kritik an multilateralen Prozessen und Regelungen die Wichtigkeit der Interaktion der staatlichen Akteure in VN-Verhandlungs- und Entscheidungsprozessen und der Realisierung kollektiver Strategien.

5.2 Realisierung von zwischenstaatlichen Entscheidungen in den VN-Sekretariatseinheiten

Die grundsätzlichen Entscheidungen in den Vereinten Nationen treffen Staaten in den zwischenstaatlichen Organen (originäre VN). Die VN-Sekretariatseinheiten unter Leitung des VN-Generalsekretärs sind hierarchisch gegliedert (nachgeordnete VN). Deren Aufgabe besteht zunächst in der Unterstützung der zwischenstaatlichen Organe und Prozesse durch Informationen, Studien, Berichte, Analysen, Entscheidungsvorschläge und logistische Leistungen. Hinzu kommen spezielle Aufgaben zur eigenständigen Realisierung von Programmen der finanziellen, technischen und humanitären Hilfe, von UN-Friedensoperationen (Konfliktprävention, zivile Konfliktlösungen, friedenserhaltende und friedenskonsolidierende Operationen) und der Überwachung von Sanktionsregimen bzw. generellen internationalen Regimen in Politikfeldern wie Handel, Finanzen, Umwelt und Menschenrechte.

Das Management dieser Prozesse bedingt eigenständige Entscheidungssysteme. Diese sind im Detail nicht Gegenstand dieser Schrift. Die Programme, Budgets sowie die Personalhöhe und -struktur für die VN-Sekretariatseinheiten werden durch die VN-Generalversammlung festgelegt. Der Programm- und Budgetvorschlag wird auf der Basis zwischenstaatlicher Mandate vom VN-Generalsekretär unterbreitet. Zwischenstaatliche Beratungsorgane bewerten die Programm- und Budgetvorschläge (Beratender Ausschuss für Haushalts- und administrative Fragen, Komitee für Programm und Koordinierung). Die Generalversammlung trifft nach Beratungen im 5. Hauptausschuss die endgültigen Entscheidungen.

Das operative Management der Programme erfolgt durch die VN-Leitungshierarchie mittels spezieller Managementorgane (Managementgruppen, Exekutivkomitees).

Die Koordination der Entscheidungen auf Sekretariatsebene im VN-System erfolgt durch den Chief Executive Board (CEB) mit seinen Unterorganen für Programm- und Managementkoordination. Dieses Gremium leitet der VN-Generalsekretär. Die Überwachung der Realisierung von VN-Entscheidungen mittels Programmen der VN-Struktureinheiten erfolgt durch zwischenstaatliche VN-

Organe. Managementreformen der Vereinten Nationen betreffen die strukturelle Organisation sowie die Programm-, Budget- und Personalpolitik. Besonderer Druck erfolgt auf die Begrenzung der Budgets (Nullwachstum) und der Personalstärke sowie die Arbeit interner Kontrollorgane. Die Organisation der Entscheidungsprozesse zu VN-Programmen, Budgets und Personal ist ein „System des Mikromanagements“, welches dem VN-Generalsekretär wenig Flexibilität einräumt.

Managementprozesse, -strukturen und -methoden erfordern eine ständige Entwicklung und Anpassung, um bürokratische Erscheinungen zu begrenzen.

Die Interaktion zwischen zwischenstaatlichen Organen und Sekretariatseinheiten ist komplex. Sie trägt wesentlich zu effektiven VN-Entscheidungsprozessen bei. Die zwischenstaatlichen Entscheidungen sind für die VN-Sekretariatseinheiten verbindlich.

Die Interaktion von Staaten, Staatengruppen und Sekretariatsvertretern ist vielfältig. Die klare Bestimmung der Teilfunktionen und ihrer Relationen sind Voraussetzung für ein effizientes VN-Entscheidungssystem (Vorbereitung und Treffen von Entscheidungen sowie Überwachung der Entscheidungsrealisierung).

Ein „effektiver Multilateralismus“ verbindet die Anerkennung machtpolitischer Realitäten mit rechtlichen und politischen Schritten zum multilateralen Interessenausgleich. Dies erfordert:

1. die Stärkung der Legitimität zwischenstaatlicher Entscheidungsprozesse
2. die Anpassung der Entscheidungsverfahren in den zwischenstaatlichen VN-Organen
3. die konsequente Realisierung multilateraler Entscheidungen durch die Mitgliedstaaten und effektive Kontroll- und Sanktionsinstrumente
4. effektive Managementprozesse zur Realisierung der Programme in den VN-Sekretariatseinheiten

Die rationale Gestaltung der Prozesse und Strukturen des komplexen VN-Entscheidungssystems muss den Erfordernissen einer interdependenten Welt entsprechen.

Folgerung

Die Vereinten Nationen verpflichten die Mitgliedstaaten auf ein verbindliches System von Normen (SVN). Dies schließt Normverstöße nicht aus. Es gibt aber keine Vereinten Nationen im Sinne der völligen Übereinstimmung nationaler Interessen. Die nationalen Interessen sind unterschiedlich. Die Akteure (Staaten) müssen in multilateralen Entscheidungsprozessen versuchen, gemeinsame Interessen zu finden. Dies ist schwierig und teilweise erfolglos. Die Entscheidungen werden von Faktoren wie Machtposition der Staaten, politischem Willen zur Einigung und Koalitionsbildung beeinflusst.

Die Entscheidungsverfahren sind differenziert und die Umsetzung der Entscheidungen nur teilweise erfolgreich. Deshalb ist „effektiver Multilateralismus" schwierig, aber notwendig angesichts transnationaler Probleme. Die Verbindung zwischenstaatlicher Entscheidungsprozesse und der Aktivitäten von Sekretariatseinheiten muss effektiv gestaltet werden.

Dabei ist zwischen den spezifischen Aufgaben und Prozessen beider VN-Teilsysteme zu unterscheiden. Eine einseitige Identifikation der Vereinten Nationen mit dem Teilsystem VN-Sekretariat führt zu falschen Wertungen. Die Wirkung der Vereinten Nationen auf die internationale Politik hängt primär von den zwischenstaatlichen Entscheidungsprozessen ab. Dies betrifft sowohl den Prozess der Entscheidungsfindung als auch den der Entscheidungsumsetzung.

Abkürzungsverzeichnis

CAT	Committee against Torture (Ausschuss gegen Folter)
ECA	Economic Commission for Afrika (Wirtschaftskommission für Afrika)
ECE	Economic Commission for Europe (Wirtschaftskommission für Europa)
ECLAC	Economic Commission for Latin America and the Caribbean (Wirtschaftskommission für Lateinamerika und die Karibik)
ECOSOC	United Nations Economic and Social Council (Wirtschafts- und Sozialrat der Vereinten Nationen)
ESCAP	Economic and Social Commission for Asia and the Pacific (Wirtschafts- und Sozialkommission für Asien und den Pazifik)
ESCWA	Economic and Social Commission for West Asia (Wirtschafts- und Sozialkommission für Westasien)
FAO	Food and Agricultural Organization of the United Nations (Ernährungs- und Landwirtschaftsorganisation der Vereinten Nationen)
GV/VN	Generalversammlung der Vereinten Nationen
IAEA	International Atomic Energy Agency (Internationale Atomenergie-Agentur)
IBRD	International Bank for Reconstruction and Development (Internationale Bank für Wiederaufbau und Entwicklung; Weltbank)
ICAO	International Civil Aviation Organization (Internationale Zivilluftfahrt-Organisation)
ILO	International Labour Organization (Internationale Arbeitsorganisation)
IMF	International Monetary Fund (Internationaler Währungsfond)
IMO	International Maritime Organization (Internationale Seeschiffahrtsorganisation)
ITU	International Telecommunication Union (Internationale Fernmeldeunion)
ODA	Official Development Assistance (Offizielle Entwicklungshilfe)
OPCW	Organization for the Prohibition of Chemical Weapons (Organisation für das Verbot chemischer Waffen)
P5	Permanent five (5 permanente Mitglieder Sicherheitsrat)
SKS/VN	System kollektiver Sicherheit Vereinte Nationen
SR/VN	Sicherheitsrat der Vereinten Nationen
SVN	Satzung der Vereinten Nationen (Charta)
UNCTAD	United Nations Conference on Trade and Development (UN-Konferenz für Handel und Entwicklung)

UNDP	United Nations Development Programme (VN-Entwicklungsprogramm)
UNEP	United Nations Enrivonment Programme (Umweltprogramm der Vereinten Nationen)
UNIDO	United Nations Industrial Development Organization (VN-Organisation für industrielle Entwicklung)
UNU	United Nations University (VN-Universität)
VN	Vereinte Nationen
WIPO	World Intellectual Property Organization (Weltorganisation für geistiges Eigentum)
WMO	World Meteorological Organization (Weltorganisation für Meteorologie)
WTO	World Trade Organization (Welthandelsorganisation)

Literaturverzeichnis

Alger: The Future of the United Nations System. UNU Press, Tokyo 1998

Alger: The United Nations System. ABC/CLIO, Oxford 2006

Archer: International Organizations. Routledge, London/New York 2001

Bailey/Daws: The Procedure of the UN Security Council. Oxford University Press, 1998

Barnett/Finnemore: Rules for the World. Cornell University Press, Ithaca/London 2004

Broinowski/Wilkinson: Haben die Vereinten Nationen eine Zukunft? Parthas Verlag, Berlin 2006

Chayes: The New Sovereignty. Compliance with International Regulatory Agreements. Harvard University Press, Cambridge/Massachusetts 1995

Cooper: Enhancing Global Governance. UNU Press, Tokyo 2001

Diehl: The Politics of Global Governance. Third Edition, Lynne Rienner Publishers, Boulder 2005

Feld/Jordan: International Organizations. Praeger, London 1994

Fenton: Understanding the UN-Security Council. Ashgate, Aldershot 2004

Fröhlich: Wege multilateraler Diplomatie. Nomos Verlag, Baden-Baden 2005

Gareis/Varwick: Die Vereinten Nationen. 4. Auflage, Verlag Budrich, Opladen 2006

Gordenker: The UN Secretary General and Secretariat. Routledge, London/New York 2005

Göthel: Die Vereinten Nationen – eine Innenansicht. Auswärtiges Amt, Berlin 2002

Horn: Multilaterale ökonomische Sanktionsregime der Vereinten Nationen. Verlag Peter Lang, Frankfurt a. M. 2003

Horn: Vereinte Nationen und multilaterale Sicherheitspolitik. Frank & Timme, Berlin 2005

Jachtenfuchs: Regieren in internationalen Institutionen. Leske + Budrich, Opladen 2003

Karns/Mingst: International Organizations. Lynne Rienner Publishers, Boulder 2004

Kaufmann: Conference Diplomacy. Martinus Nijhoff Publishers, Dordrecht 1988

Kaufmann: Effective Negotiation. Martinus Nijhoff Publishers, Dordrecht 1989

Kaufmann: United Nations Decision Making. Sijthoffs Noordhoff Publishers, Netherlands 1980

Köck/Fischer: Das Recht der Internationalen Organisationen. Linde Verlag, Wien 1997

Lall: Multilateral Negotiations and Mediation. Pergamon Press, New York 1985

Luck: UN-Security Council. Routledge, London/New York 2006

Malone: The UN Security Council. Lynne Rienner Publishers, Boulder 2004

Mautner-Markhof: Processes of International Negotiations. Westview Press, London 1989

Muldoon: Multilateral Diplomacy. Second Edition, Westview Press, Cambridge/Massachusetts 2005
Muldoon: The Architectur of Global Governance. Westview Press, Boulder 2004
Odell: Negotiating Trade. Cambridge University Press, 2006
Peterson: UN General Assembly. Routledge, London/New York 2006
Reinalda: Autonomous Policy Making by International Organizations. Routledge, London/New York 1998
Rittberger: Internationale Organisationen. 3. Auflage, Leske + Budrich, Opladen 2003
Rittberger: Global Governance and the United Nations System. UNU Press, Tokyo 2001
Rosenthal: The Economic and Social Council of the United Nations. Friedrich-Ebert-Stiftung, New York 2005
Seidl-Hohenveldern: Das Recht Internationaler Organisationen. Heymanns Verlag, Köln 2000
Sidhu: Zwischenstaatliche Verhandlungen, Entscheidungsfindung und Beschlussfassung bei den Vereinten Nationen. Auswärtiges Amt, Berlin 2004
Slaughter: A New World Order. Princeton University Press, 2005
Smith: Politics and Processes at the United Nations. Lynne Rienner Publishers, Colorado 2006
Taylor: International Organizations in the Modern World. Printer, New York 1993
Taylor: International Organizations in the Age of Globalization. Continuum, New York 2005
Taylor/Groom: The United Nations at the Millennium. Continuum, New York/London 2000
United Nations Handbook 2006/7. Ministry of Foreign Affairs, New Zealand 2006
Unser: Die UNO. 7. Auflage, Beck Verlag, München 2004
Varwick/Zimmermann: Die Reform der Vereinten Nationen – Bilanz und Perspektiven. Duncker & Humblot, Berlin 2006
VN: Agenda for Development. New York 1997
VN: Agenda for Peace. New York 1992
VN: In Larger Freedom – Towards Development, Security and Human Rights for All. Report SG, New York 2005
VN: Investing in the United Nations. Report SG, New York 2006
VN: Renewing the United Nations – A Program for Reform. Report SG, New York 1997
VN: Report High-Level Panel on Threats, Challenges and Change. New York 2005
VN: Report on Intervention and State Souvereignty. Ottawa 2001 (ICISS)
Volger: Lexikon der Vereinten Nationen. Oldenbourg Verlag, 2001
Weiss: Overcoming the Security Council Reform Impasse. Friedrich-Ebert-Stiftung, New York Office 2005

Wilkinson: The Global Governance Reader. Routledge, London/New York 2006

Ziring/Riggs/Plano: The United Nations. Third Edition, Thomson Learning, London 2000

Zöpel: Parlamentarische Vertretung bei den Vereinten Nationen – Politik in der Weltgesellschaft. Vorwärts Buch, Berlin 2005

POLITIKWISSENSCHAFT

Bd. 1 Albrecht Horn: Die Vereinten Nationen und multilaterale Sicherheitspolitik. Ergebnisse und notwendige Reformen. 112 Seiten. ISBN 978-3-86596-023-8

Bd. 2 Albrecht Horn: Vereinte Nationen – Akteure und Entscheidungsprozesse. 118 Seiten. ISBN 978-3-86596-101-3

Bd. 3 Klaus Hüfner: UNESCO und Menschenrechte. 158 Seiten. ISBN 978-3-86596-066-5

Bd. 4 Masao Nishikawa (Edited by Helmut Konrad): Socialists and International Actions for Peace 1914–1923. 344 Seiten. ISBN 978-3-86596-296-6

Bd. 5 Klaus Hüfner: Multilaterale Bildungsfinanzierung durch das UNO-System. 232 Seiten. ISBN 978-3-86596-306-2

Bd. 6 Klaus Hüfner: Wer rettet die UNESCO? 148 Seiten. ISBN 978-3-86596-544-8

Bd. 7 Peter Nitschke (Hg.): Der Prozess der Zivilisationen: 20 Jahre nach Huntington. Analysen für das 21. Jahrhundert. 288 Seiten. ISBN 978-3-86596-512-7

Bd. 8 Klaus Hüfner: Mehr Verantwortung übernehmen. Zum deutschen Finanz-Engagement in den Vereinten Nationen 1991–2013. 172 Seiten. ISBN 978-3-7329-0190-6

Bd. 9 Klaus Hüfner: What can save UNESCO? 148 Seiten. ISBN 978-3-7329-0216-3

Bd. 10 Klaus Hüfner (Hg.): Kalter Krieg zwischen den beiden deutschen UN-Gesellschaften 1952–1968. 160 Seiten. ISBN 978-3-7329-0359-7

Bd. 11 Albrecht Horn: Vereinte Nationen, Internationale Sozialordnung und Menschenrechte. 80 Seiten. ISBN 978-3-7329-0444-0

Bd. 12 Klaus Hüfner: In Love-Hate with the United Nations? The United States and the UN System. 144 Seiten. ISBN 978-3-7329-0544-7

Bd. 13 Klaus Hüfner: Financing the United Nations – An Introduction. 154 Seiten. ISBN 978-3-7329-0599-7

Bd. 14 Klaus Hüfner: Agenten des weltweiten Multilateralismus. Die Sonderorganisationen im System der Vereinten Nationen. 226 Seiten. ISBN 978-3-7329-0846-2

Frank & Timme

FSC
www.fsc.org
MIX
Papier | Fördert gute Waldnutzung
FSC® C083411

Kolibri 360 GmbH
Ferdinand-Jühlke-Straße 7
99095 Erfurt, Deutschland
produktsicherheit@kolibri360.de

Druck:
CPI Druckdienstleistungen GmbH
im Auftrag der
Kolibri 360 GmbH
Ferdinand-Jühlke-Str. 7
99095 Erfurt